全面预算管理与
企业年度经营计划

王美江 ◎ 著

COMPREHENSIVE BUDGET MANAGEMENT
AND ENTERPRISE ANNUAL BUSINESS PLAN

人民邮电出版社

北　京

图书在版编目（CIP）数据

全面预算管理与企业年度经营计划 / 王美江著. --
北京 ：人民邮电出版社，2022.2
ISBN 978-7-115-58004-7

Ⅰ．①全… Ⅱ．①王… Ⅲ．①企业管理－预算管理－
研究②企业管理－年度计划－研究 Ⅳ．①F275
②F272.15

中国版本图书馆CIP数据核字（2021）第242483号

内 容 提 要

本书从企业降本增效、提升市场竞争力的角度出发，通过为什么要做企业全面预算管理和年度经营计划、经营预算编制与年度经营计划编制、投融资预算的编制、财务预算的编制、年度经营计划落地与预算执行、预算控制、预算考评、预算分析与预算调整八个大的板块，对企业的全面预算管理进行阐释。本书通过阐释推行全面预算管理和年度经营计划的全过程，来讲述全面预算管理与年度经营计划推行的要点、步骤、注意事项及方法。

本书内容丰富、实操性强，适合企业管理者、创业者以及相关领域的研究者阅读使用。

◆ 著　　　　王美江
　　责任编辑　李士振
　　责任印制　彭志环

◆ 人民邮电出版社出版发行　　北京市丰台区成寿寺路 11 号
　　邮编　100164　　电子邮件　315@ptpress.com.cn
　　网址　https://www.ptpress.com.cn
　　固安县铭成印刷有限公司印刷

◆ 开本：720×960　　1/16
　　印张：16.75　　　　　　　　2022 年 2 月第 1 版
　　字数：286 千字　　　　　　2024 年 11 月河北第 16 次印刷

定价：69.80 元

读者服务热线：(010)81055296　印装质量热线：(010)81055316
反盗版热线：(010)81055315
广告经营许可证：京东市监广登字 20170147 号

前言

经济的深化发展、企业竞争的日益激烈，都促使企业管理者在精细化管理方面做得更加专业。任何企业的经营与可持续发展，都离不开专业化的管理。全面预算管理和年度经营计划等内容，可以帮助企业梳理优劣势，及早发现问题，提前做好布局规划，以实现稳定持续经营。

全面预算管理和企业年度经营计划，体现出了资源配置的先进理念。在这一体系中，预算管理和经营计划相互匹配，从而向上支撑企业的整体战略，向下有效安排企业各部门的业务计划。当企业拥有良好的预算管理和精准的经营计划时，就能确保各项活动在执行中，产生对资源最优配置的效果，更好地推动资源的利用。

近年来，随着内外部环境的不断变化、企业治理理念的不断升级，全面预算管理和企业年度经营计划的功能本身也在不断发展，从最初的计划、协调工具，演化为现代企业中的控制、评价和激励渠道，甚至能成为综合性的管理体系。为此，企业管理者更应充分认识全面预算管理和企业年度经营计划的意义，学习相关基础知识，掌握有关方法，使之在企业管理实践中发挥重要作用。

作为企业管理的研究者和分享者，作者潜心研究全面预算管理和企业年度经营计划多年，既有扎实的理论底蕴，也有丰富的实践基础。本书共八章，分别包含相关领域的八大重点。

第 1 章概述企业全面预算管理和年度经营计划的定义，为读者构建知识框架的底层逻辑。第 2 章阐述如何编制经营预算和年度经营计划，为读者进一步对全面预算管理和年度经营计划形成理性认识打下基础。第 3、4 章则重点分析投融资预算和财务预算的编制，帮助读者理清重要原理。第 5 章讲述年度经营计划落地与预算执行，帮助读者建立对应的方法论，熟悉操作流程。第 6 章至第 8 章，分析预算控制、预算考评、预算分析与预算调整的方法，帮助读者将预算管理构建为闭环流程的渠道。

　　本书语言文字深入浅出，以图文并茂的形式，深入讲解了全面预算管理和企业年度经营计划的知识，避免了学术化、理论化的枯燥感，为读者提供了"取诸书本，用于实践"的多元化价值。

　　通过学习和使用本书，读者能更好地利用预算和计划，完成对企业内部各部门、各单位的资源分配、考核和控制，从上到下实现有效的组织和协调，确保企业在不断完成经营目标的基础上，让生产效率更上一层楼。本书适合从事管理工作的企业人员学习使用，同时也能为研究全面预算管理和企业年度经营计划的学习者提供帮助。

编　者

2021. 12

目录

第1章 为什么要做企业全面预算管理和年度经营计划 ……… 1

1.1 **全面预算管理概述** ……………………………… 2

  1.1.1 全面预算管理的含义 ………………………… 2

    图 1.1-1 预算的三方面内容／ 2

    表 1.1-1 预算管理的主要内容／ 3

  1.1.2 全面预算管理的本质 ………………………… 3

    表 1.1-2 全面预算管理的本质特点及其管理重点／ 4

  1.1.3 全面预算管理的作用 ………………………… 4

    图 1.1-2 全面预算管理的具体作用／ 6

  1.1.4 全面预算管理的定位及整体思路 …………… 6

1.2 **全面预算管理和年度经营计划** ………………… 8

  1.2.1 什么是年度经营计划 ………………………… 9

  1.2.2 全面预算管理与年度经营计划中常见的问题 ………… 9

    图 1.2-1 全面预算管理的常见问题／ 10

    图 1.2-2 年度经营计划的常见问题／ 11

  1.2.3 财务部门预算管理执行难题 ………………… 13

    图 1.2-3 预算管理执行难题／ 13

  1.2.4 什么是动态全面预算管理 …………………… 14

    图 1.2-4 动态全面预算管理的原则／ 15

  1.2.5 年度经营计划与年度经营环境 ……………… 16

    图 1.2-5 企业内部环境分析的内容／ 17

1.3 **全面预算管理前如何准备** ……………………… 17

  1.3.1 如何做好战略规划 …………………………… 18

    图 1.3-1 企业战略规划的主要内容和步骤／ 18

图 1.3-2　PEST 分析／19

图 1.3-3　SWOT 分析／19

图 1.3-4　战略规划的四个不同阶段／20

1.3.2　如何制订合理目标 ……………………………………… 21

表 1.3-1　预算目标导向对预算组织体系的影响／22

图 1.3-5　预算目标形成的基本理念／23

1.3.3　如何搭建组织架构 ……………………………………… 23

图 1.3-6　现代企业常见的四级预算组织架构／24

1.3.4　如何搭建基础体系 ……………………………………… 25

图 1.3-7　全面预算基础管理流程／27

1.3.5　如何制订年度经营计划 ………………………………… 28

第 2 章　经营预算编制与年度经营计划编制 ……………… 31

2.1　采购预算的编制 ……………………………………… 32

2.1.1　采购目标的下达 ………………………………………… 32

图 2.1-1　制订采购目标的过程／33

2.1.2　采购目标的分解 ………………………………………… 34

图 2.1-2　采购目标的子目标／35

2.1.3　如何编写采购计划 ……………………………………… 36

表 2.1-1　采购计划的内容／36

图 2.1-3　采购订单计划的编制程序／38

2.1.4　如何编制采购预算草案 ………………………………… 38

图 2.1-4　编制采购预算草案的基本原则／39

表 2.1-2　采购预算草案的编制流程／40

2.1.5　如何组织采购预算草案答辩 …………………………… 40

2.2　生产预算的编制 ……………………………………… 41

2.2.1　生产目标的下达 ………………………………………… 42

2.2.2　生产目标的分解 ………………………………………… 43

图 2.2-1　生产目标的量化步骤／45

2.2.3　如何编写生产计划 ……………………………………… 45

图 2.2-2　编写生产计划的步骤／46

2.2.4　如何编制生产预算草案 ……………………………… 48

　　表2.2-1　某企业生产预算草案表／48

　　表2.2-2　生产预算编制底表／49

2.3　销售预算的编制 ……………………………………… 51

2.3.1　销售目标的下达 ……………………………………… 51

　　图2.3-1　销售目标包含的具体内容／51

2.3.2　销售目标的分解 ……………………………………… 55

　　图2.3-2　销售目标的分解层次／56

2.3.3　如何编写销售计划 …………………………………… 57

2.3.4　如何编制销售预算草案 ……………………………… 59

　　图2.3-3　编制销售预算草案的参与者／59

　　表2.3-1　某企业的销售预算编制底表／61

2.4　成本预算的编制 ……………………………………… 62

2.4.1　成本目标的下达 ……………………………………… 63

2.4.2　成本目标的分解 ……………………………………… 65

　　表2.4-1　直接成本目标总表／66

　　表2.4-2　目标管理费用表／67

　　图2.4-1　生产制造企业的成本目标分解／67

2.4.3　如何编写成本计划 …………………………………… 69

　　图2.4-2　成本计划的内容／69

2.4.4　如何编制成本预算草案 ……………………………… 70

　　表2.4-3　成本预算表／72

2.5　费用预算的编制 ……………………………………… 73

2.5.1　费用目标的下达 ……………………………………… 73

　　图2.5-1　费用目标下达的标准／74

2.5.2　费用目标的分解 ……………………………………… 74

　　图2.5-2　工程项目费用目标的分解／75

2.5.3　如何编写费用计划 …………………………………… 76

2.5.4　如何编制费用预算草案 ……………………………… 78

　　图2.5-3　费用预算草案的编制步骤／79

　　表2.5-1　销售费用、管理费用和财务费用的编制重点／80

表 2.5-2　仓储物流费用预算编制重点／80

表 2.5-3　设备使用和维护费预算编制重点／81

表 2.5-4　人员费用预算编制重点／81

2.6　**年度经营计划的编制** ·· 82

　2.6.1　如何确定年度经营目标及原则 ················· 82

　　表 2.6-1　制订年度经营目标的原则／83

　2.6.2　如何编制年度经营计划 ··························· 83

　　图 2.6-1　年度经营计划编制流程／84

　2.6.3　年度经营计划编制的八个关键内容 ············· 85

　2.6.4　如何编制年度经营计划书 ······················· 86

第3章　投融资预算的编制

第3章　**投融资预算的编制** ···································· 89

3.1　**资本预算方法** ·· 90

　3.1.1　资本预算概述 ····································· 90

　3.1.2　非贴现现金流量指标 ······················· 90

　　表 3.1-1　非贴现现金流量指标与贴现现金流量指标的差异／91

　3.1.3　贴现现金流量指标 ······················· 91

　　图 3.1-1　贴现现金流量指标／92

　3.1.4　资本预算方法的应用 ····················· 93

　　表 3.1-2　资本预算方法的对应项目／93

　　图 3.1-2　资本预算决策的流程／94

　　表 3.1-3　平均会计收益率法的优劣／95

　　表 3.1-4　A 方案和 B 方案的概况评估对比／96

3.2　**长期投资预算的编制** ··· 97

　3.2.1　长期投资预算的内容 ····················· 97

　　表 3.2-1　长期投资预算表／99

　3.2.2　固定资产投资预算的编制 ················· 99

　　图 3.2-1　固定资产投资预算的主要编制思路／99

　3.2.3　权益性资本投资预算的编制 ··············· 101

　　图 3.2-2　长期股权投资的三大类型／102

　　表 3.2-2　A 公司 2020 年权益性资本投资预算／104

表 3.2-3　A 公司 2020 年投资收益预算／104

3.3　融资预算的编制 ·· 104

3.3.1　融资预算的内容 ······································ 104

表 3.3-1　融资预算表／106

3.3.2　融资预算编制的流程与方法 ························ 106

表 3.3-2　融资预算差异分析表／108

第 4 章　财务预算的编制 ·································· 109

4.1　财务预算的概念和作用 ······························· 110

4.1.1　财务预算的概念 ······························· 110

4.1.2　财务预算的作用 ······························· 111

图 4.1-1　财务预算的作用／111

4.2　财务预算的分类 ······································· 113

4.2.1　现金流量预算 ································· 113

表 4.2-1　使用现金收支法编制的现金预算表／115

4.2.2　利润预算 ····································· 116

图 4.2-1　利润预算的管理流程／117

表 4.2-2　利润预算表／119

4.2.3　资产负债预算 ································· 120

表 4.2-3　资产负债预算表／121

4.3　财务预算的编制 ······································· 122

4.3.1　财务预算编制的原则 ··························· 122

图 4.3-1　财务预算编制的原则／123

4.3.2　财务预算编制的步骤 ··························· 124

4.4　财务预算的编制方法 ··································· 125

4.4.1　滚动预算法 ··································· 125

图 4.4-1　滚动预算周期编制过程／126

表 4.4-1　滚动预算分类／127

4.4.2　固定预算法 ··································· 127

表 4.4-2　某企业年度生产计划及工时计划／128

表 4.4-3　某企业材料费用预算／128

表 4.4-4　某企业工资预算／129

　　4.4.3　弹性预算法 ·· 130

　　　　表 4.4-5　弹性预算法与固定预算法的对比／131

　　　　表 4.4-6　公式法计算的制造费用弹性预算／133

　　4.4.4　增量预算法 ·· 133

　　　　表 4.4-7　某企业销售费用预算／134

　　4.4.5　零基预算法 ·· 135

　　　　表 4.4-8　零基预算法与增量预算法的对比／136

第 5 章　年度经营计划落地与预算执行 ························· 139

　5.1　**年度战略地图及目标分解** ···························· 140

　　5.1.1　年度战略地图的输入识别 ························ 140

　　5.1.2　如何绘制年度战略地图 ·························· 141

　　　　表 5.1-1　企业年度战略地图的基本构成／141

　　5.1.3　平衡计分卡与年度经营目标分解 ················ 143

　　　　表 5.1-2　财务维度的主要分解指标／143

　5.2　**年度经营计划实施的检查与评价** ···················· 145

　　5.2.1　确立企业目标绩效管理体系 ···················· 145

　　5.2.2　目标绩效管理五步法 ·························· 146

　　　　图 5.2-1　目标绩效管理五步法／146

　　5.2.3　年度经营计划实施的评价 ······················ 148

　　5.2.4　年度经营计划的修正 ·························· 149

　　5.2.5　年度经营风险管理 ···························· 151

　　5.2.6　绩效管理与绩效合同 ·························· 152

　　　　表 5.2-1　绩效合同的主要内容／154

　5.3　**预算执行概述** ···································· 154

　　5.3.1　预算执行的前提条件 ·························· 154

　　　　图 5.3-1　预算执行机制的健全／155

　　5.3.2　预算执行前的准备工作 ························ 156

　　　　图 5.3-2　预算执行前的准备工作／157

　　5.3.3　预算执行中存在的问题 ························ 158

　　　表 5.3-1　预算执行力度问题／159

5.4　预算执行的流程与步骤 ……………………………… 159

　5.4.1　预算执行的重点与程序 ……………………… 160

　　　图 5.4-1　预算执行的程序／161

　5.4.2　预算执行的原则与步骤 ……………………… 162

　　　图 5.4-2　预算执行的分类原则／162

5.5　预算执行的方法 ……………………………………… 164

　　　图 5.5-1　全面预算管理流程／164

　5.5.1　销售预算的执行 ……………………………… 165

　　　图 5.5-2　销售预算执行的内容／165

　5.5.2　产品成本预算的执行 ………………………… 167

　　　图 5.5-3　产品成本预算的执行环节／167

　5.5.3　费用预算的执行 ……………………………… 168

　　　图 5.5-4　费用预算的执行环节／168

　5.5.4　采购预算的执行 ……………………………… 169

　　　图 5.5-5　采购预算的执行环节／169

　5.5.5　现金预算的执行 ……………………………… 170

第6章　预算控制 ………………………………………… 173

6.1　预算控制基础 ………………………………………… 174

　6.1.1　预算控制的责任主体和内容 ………………… 174

　　　图 6.1-1　预算控制责任主体的构成／174

　6.1.2　预算控制的基础 ……………………………… 175

　6.1.3　预算控制体系 ………………………………… 176

　　　图 6.1-2　预算控制体系／177

　　　表 6.1-1　预算执行控制流程的主要内容／178

　　　表 6.1-2　预算考评的主要方式内容／180

　6.1.4　预算控制原则 ………………………………… 180

　　　图 6.1-3　预算控制原则／181

6.2　预算控制方法 ………………………………………… 182

　6.2.1　预算控制四模式 ……………………………… 182

　　　图 6.2-1　预算控制的四种模式／183

　　　表 6.2-1　预算报告样式／185

　　6.2.2　预算控制六步法 ·· 186

　　　图 6.2-2　预算控制的流程／186

　　　表 6.2-2　"五会"的具体内容／186

　　　图 6.2-3　预算分析会议基本流程／187

　　　图 6.2-4　预算追加流程／189

6.3　**预算外支出管控** ·· 190

　　6.3.1　预留额度，分级授权 ·· 190

　　　表 6.3-1　某公司预算审批授权体系汇总参考表／192

　　6.3.2　总量控制 ·· 193

6.4　**人工智能时代的预算控制** ·· 194

　　6.4.1　大数据环境对预算控制的影响 ······························ 194

　　　图 6.4-1　大数据技术支持要点／195

　　6.4.2　预算控制如何融入 IT ·· 197

　　　表 6.4-1　融入 IT 前后预算控制的差异／198

　　6.4.3　预算控制系统信息化的工具选择 ···························· 200

　　　表 6.4-2　预算控制信息系统的预算编制功能／202

　　　表 6.4-3　预算分析对预算控制信息系统工具的要求／203

　　　表 6.4-4　预算控制信息系统工具的优劣对比／203

　　6.4.4　业务思维与财务思维的无缝融合 ···························· 204

第7章　预算考评 ·· 207

7.1　**预算考评体系设计** ·· 208

　　7.1.1　预算考评体系的内容 ·· 208

　　　图 7.1-1　预算考评体系的主要内容／208

　　7.1.2　预算考评的程序与方法 ·· 211

　　　表 7.1-1　预算考评分工／211

7.2　**预算考评原则** ·· 214

　　7.2.1　可控制性原则 ·· 215

　　7.2.2　风险收益对等原则 ··· 215

表 7.2-1 预算责任分担的风险收益对等模式／216

7.2.3 总体优化原则 …………………………………… 216

7.2.4 分级考评原则 …………………………………… 217

7.2.5 公平、公开、公正原则 ………………………… 218

图 7.2-1 预算考评公平、公开、公正原则的操作要点／218

7.3 预算评价指标 ………………………………………… 219

7.3.1 财务业绩评价指标的选择 …………………… 219

7.3.2 利润中心的考评指标选择 …………………… 221

表 7.3-1 利润中心的分类／221

7.3.3 投资中心的考评指标选择 …………………… 223

表 7.3-2 投资中心和其他责任中心的区别／223

7.3.4 平衡计分卡对业绩的综合评价 ……………… 224

图 7.3-1 平衡计分卡的框架／225

7.4 预算激励机制 ………………………………………… 227

7.4.1 激励机制的构建原则 ………………………… 227

图 7.4-1 预算激励机制的构建原则／228

7.4.2 激励方案的具体确定方法 …………………… 229

表 7.4-1 联合基数法计算范例／230

第8章 预算分析与预算调整 ……………………………… 231

8.1 预算分析与预算调整概述 …………………………… 232

8.1.1 预算分析的必要性 …………………………… 232

图 8.1-1 预算分析的必要性／232

8.1.2 预算调整的作用 ……………………………… 233

8.2 预算分析策略 ………………………………………… 234

8.2.1 预算分析流程 ………………………………… 234

图 8.2-1 预算分析流程／235

8.2.2 预算分析方法 ………………………………… 236

图 8.2-2 预算分析方法的分类／237

表 8.2-1 预算定量分析方法／237

8.2.3 预算分析报告 ………………………………… 239

表 8.2-2　预算分析报告的分类／239

8.3　**预算调整的原则** ·· 240

图 8.3-1　预算调整的原则／241

8.3.1　不随意调整原则 ·· 241

8.3.2　内部挖潜原则与积极调整原则 ···························· 241

图 8.3-2　预算调整与追加的内容／242

8.3.3　规定流程原则 ·· 243

图 8.3-3　预算调整流程／244

8.3.4　预算调整的三大条件 ······································ 245

8.4　**预算调整的管理** ·· 246

8.4.1　预算调整控制流程 ·· 246

图 8.4-1　预算调整控制流程／247

8.4.2　预算调整管理形式 ·· 249

图 8.4-2　预算调整的管理形式／249

8.4.3　预算调整制度 ·· 250

图 8.4-3　预算调整制度的内容／251

第 1 章
为什么要做企业全面预算管理和年度经营计划

企业的经营决策过程中，管理者需确定短期经营目标和未来生产经营活动的战略目标。为实现目标，确保决策生成的最优方案在执行层面被坚决贯彻，企业必须编制和执行全面预算。

本章将介绍全面预算的基本定义、原理与方法，理清其重、难点，阐述应如何做好相关准备。

1.1 全面预算管理概述

全面预算管理的重点，在于"全面"特点和"预算"内容。企业经营、投资、财务等一切经济活动的人、财、物与供、产、销的各环节，都应纳入预算管理范畴。

1.1.1 全面预算管理的含义

全面预算，是指企业对一定期间所有经营、投资和财务活动做出的预算安排。全面预算是企业生产经营战略管理必不可少的内容，也是企业未来一定期间全部经营活动目标、计划与措施的具体量化内容。

全面预算是计划工作的成果，是具体化的决策，也是企业经营活动准确管控的依据。

准确理解全面预算管理的含义，应先了解"预算""管理""全面"的含义。

1. 预算

预算是以量化形式表现的计划。企业用预算规划和安排预算期内对资源的获取、配置和使用，也是对预算期内各项经济活动数量化和货币化的计划安排。

预算，需要"预"先"算"三方面的内容，即算目标、算措施和算资源，如图 1.1-1 所示。

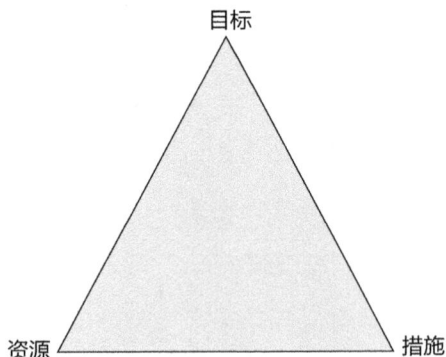

图 1.1-1 预算的三方面内容

（1）算目标即目标预算，是指计算企业能达到何种目标、实现何种业绩。

（2）算措施即业务预算，是指规划企业实现目标的行动措施，了解企业为实现既定目标应如何安排行动方案。

（3）算资源即资金预算，是指由管理者围绕行动方案计算企业的资源是否能提供足够保障。如资源不足，应进一步明确是否有其他获得资源的渠道，是否应调整行动计划和目标。

2. 管理

预算管理，是根据预算对企业的经济活动所进行的管理，其主要内容如表 1.1-1 所示。

表 1.1-1 预算管理的主要内容

预算管理的主要内容	预算管理的具体工作
有目标的管理（目标管理）	根据预算，监控经营目标的实现
有计划的管理（计划管理）	根据预算，控制和分析经营过程
有激励的管理（绩效管理）	根据预算，考核经营者和管理者
有目的的花钱（资源管理）	根据计划、需要、重要性来花钱
有约束的花钱（风险管理）	保证总体资金平衡，防范资金风险

通过预算管理的主要内容，管理者可以将预算管理重点和具体工作一一对应。

3. 全面

全面预算管理是全过程、全方位和全员参与的系统管理。

（1）全过程，是指企业组织的各项经营管理活动的事前、事中、事后环节，都必须纳入预算管理。

（2）全方位，是指企业一切经营管理活动必须全部纳入预算管理。

（3）全员参与，是指企业领导、子公司或分公司负责人、职能部门负责人、各岗位员工，均必须参与预算管理。

1.1.2 全面预算管理的本质

全面预算管理，本质上属于现代企业管理模式。它集系统化、战略化、人本化理念为一体，可以为企业创造最大价值。同时，它也是一套系统方法，通过合理分配人力、财力和物力等资源，可以监控战略目标的实施进度，控制费用支出，预测现金流量和利润，从而协助企业实现战略目标。

1. 全面预算管理的根本问题

全面预算管理的两大根本问题，分别是企业未来如何做事和如何花钱。

（1）如何做事。全面预算管理需要解答企业将在未来一段时间内做哪些事、为什么要做这些事、如何做事、如何提升做事效率和如何更有序地做事等一系列问题。

（2）如何花钱。全面预算管理需要解答钱从哪里来、花到哪里去、需要花多少钱、如何更有效地花钱和如何更有序地花钱等一系列问题。

2. 全面预算管理的本质特点

全面预算管理的本质特点体现在五个层面上，如表 1.1-2 所示。

表 1.1-2　全面预算管理的本质特点及其管理重点

全面预算管理的本质特点	管理重点
资本预算管理	加强对资本支出的管理
以销售为核心的预算管理	企业面临市场多变的情况，重点为开发市场
以成本控制为核心的预算管理	成本控制至关重要
以现金流量为核心的预算管理	监控现金流入、流出，有效利用资金
以目标资本利润率为核心的预算管理	加强对子公司、分公司的控制与考核

从表 1.1-2 所示的全面预算管理的本质特点可知，全面预算管理连接着市场和企业内部。不同的市场环境下、企业处于不同的发展时期，管理重点不同，适用的全面预算管理模式也不同。管理者在设计企业全面预算管理模式时，应根据本企业所处环境和发展时期，选择适合的全面预算管理模式，突出管理的重点。

1.1.3　全面预算管理的作用

对任何一家现代企业而言，全面预算管理都是必要的。企业从传统经营方式向现代经营方式的系统性转化，如同交通工具的全面升级。战略规划扮演着控制方向的角色，内部控制如同汽车的制动系统，而油门系统的完善，则来自全面预算管理体系的有效搭建与运行。

全面预算管理是企业战略落地的主线，也是战略执行控制的重要工具，作为现代企业不可或缺的管理模式，其重要性不言而喻。全面预算管理通过对业务、资金、信息、人才的整合，明确、适度的分权与授权，进行战略驱动的业绩评价，实现资源合理配置，真实体现企业的需要，为企业发展的决策提供支持。

1. 全面预算管理的自身价值

全面预算管理的自身价值，可分为以下七个方面。

（1）战略目标落地化。明确战略导向，将企业战略规划细化。

（2）经济活动目标化。明确目标导向，分解企业未来目标。

（3）管理方式精细化。以数字表达管理方式，实现精细化管理。

（4）经营过程受控化。严格控制过程，确保内部信息对称。

（5）资金控制提前化。准确配置资源，严格控制风险。

（6）绩效管理依据化。将全面预算管理结果与绩效管理挂钩，确保管理战略落地。

（7）成本费用约束化。确定成本目标和相关费用，对企业经营产生应有的约束效用。

2. 全面预算管理的具体作用

在企业实际经营中，全面预算管理可以提供的具体作用，如图1.1-2所示。

（1）规划未来，细化和量化战略目标。通过全面预算管理，对战略目标加以细化与量化。借助有效监控预算，可以最大限度地实现企业战略目标。同时，还能发现潜在的机遇和挑战，并通过预算汇报体系，将之集中到决策机构，帮助企业合理调整战略规划，强化战略管理的应变能力。

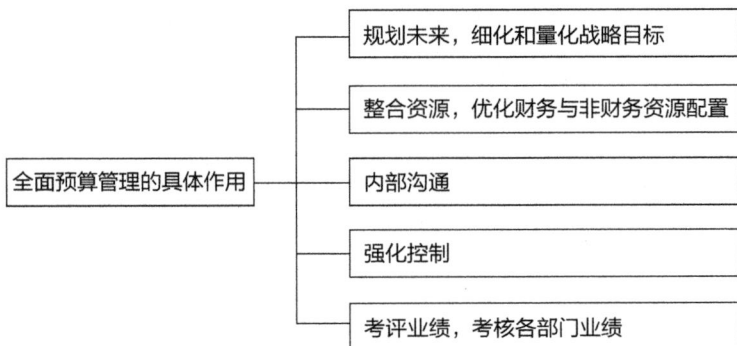

图 1.1-2　全面预算管理的具体作用

（2）整合资源，优化财务与非财务资源配置。全面预算计划过程和预算指标数据，直接体现出企业和部门使用资源的效率以及对各种资源的需求，因此成为企业资源调度和分配的起点。通过全面预算的编制和平衡，企业能对有限资源进行最佳安排和使用，避免财务和非财务资源的浪费。

（3）内部沟通。预算是企业内不同成员的行动指标，表明企业内部各层级、各部门、各成员如何配合工作，才能达成企业总目标。在不同层级、不同部门之间传递预算信息，协调整体活动，能有效避免无序的部门行为。实施全面预算管理，明确不同部门的分工，能减少各部门在执行中的隔阂，提高运营效率。

（4）强化控制。预算本身并非最终目标，而是控制经济活动的管控手段。实行全面预算管理，有利于实现企业的战略目标。全面预算计划的制订和实施，可以使企业在自身所处的经营环境与其拥有的资源、确立的目标之间保持动态平衡，并帮助企业科学识别、预测、评估与控制各种风险。

（5）考评业绩，考核各部门业绩。全面预算可以为企业考核各部门提供依据。企业可以根据全面预算完成情况，在分析各部门偏离预算的程度和原因之后进行总结，以统一调整预算或改进工作。在此基础上，企业可以进一步划清责任、评定业绩、实行奖惩，调动员工积极性，促使各部门员工更加积极工作。

1.1.4　全面预算管理的定位及整体思路

企业对全面预算管理的定位和整体思路，决定了其发挥的作用。企业管理需求不同，对全面预算管理的定位也就不同。即使同一家企业，由于管理水平、发展阶段不同，其对全面预算管理所发挥的作用也有不同要求。只有适合本企业实际情况并满足经营需求的预算管理活动，才能行之有效。

例如，制造业企业拥有可复制的工业化产品，其全面预算管理体系的核心设计理念为标准成本法；而建筑安装业企业所承接的工程项目有较大个体差异，则不适用于该核心设计理念。在全面预算管理中，企业应基于行业标准和不同项目类别的历史数据进行科学设计。

为实现全面预算管理的科学定位，管理者应建立明确的思路。其内在逻辑要点如下。

1. 明确战略愿景

全面预算管理是企业战略管理的工具，需要企业主体、股东和管理层共同明确中长期发展战略，确定具体发展方向，并清楚地了解自身产业重心、实力优势与核心竞争力。真正了解自身特点、明晰定位、达成共识，是实施全面预算管理的第一步。

2. 制订年度目标

企业应结合自身资源和发展阶段，做出战略目标的年度或任务分解，并量化到年度或项目周期，以明确年度经营目标。企业需要根据能整合到的所有资源，结合企业发展阶段，自身的资金、技术、市场、团队、管理和生产能力等关键因素，确定年度经营目标的核心指标。

3. 梳理企业组织架构

搭建合理的企业组织架构，是规范化管理的开始。合理的组织架构及部门设置，也能促使企业权利、责任、资源的匹配更为合理。企业内各个部门都是全面预算管理的执行单元，也是组织架构为全面预算管理所提供的保障力量。

4. 建立健全科学管理制度

全面预算管理成功的重点，在于管好"钱"和"人"，识别并把控企业的风险。企业需要搭建与上述内容积极适应的管控体系和制度。

科学管理的制度体系，应根据企业规模、主要风险，从财务管控、人力管控、运营管控、风险管控等方面进行搭建，形成全面预算管理的制度保障。

5. 建立部门职权职责管理制度

实施全面预算管理的重要原则是必须让参与的各个部门、人员，都能实现责任、权力和利益的匹配。部门和人员的各自职责，应体现出不同特点，保证规范化、制度化和明晰化，建立起管理职责全覆盖的部门职权职责管理制度体系。

6. 全面绩效考核管理

预算必须和考核联系在一起，即全面预算管理和全面绩效考核管理两项工作应相辅相成，缺一不可。全面绩效考核管理合理有效，才能促进企业全面预算管理的实施，并充分激励团队，避免浪费、拖延和抵触等情况的发生。

7. 计划分解工作

全面预算管理工作的重点是对企业整体预算计划的分解。例如，在编制年度全面预算时，企业需要将不同的资源分配给各项计划，并根据企业的资金、市场、技术和生产能力等因素加以量化，形成月度预算工作计划。

8. 强化信息化管理工作

信息化是实现全面预算管理的必要手段。企业将表单、流程予以信息化，以体现流程与制度的科学性。企业管理者应明确自身发展战略目标，并将信息化管理工作作为长期推进的基础工作，融入各年度、月度的经营目标。

1.2　全面预算管理和年度经营计划

管理者在推行全面预算管理之前，需分析管理过程中应注意的重点原则，预测可能出现的难点问题。了解重、难点后，企业应在预算的规划、编制、执行、考核过程中，设置针对性的改善措施，以充分实现全面预算管理在企业战略管理中的重要价值。

在实施全面预算管理过程中,一个合理的经营计划对相关管理工作的开展、对企业整体的进步,有着非常重要的促进和推动作用。因此,企业的生产经营也需按年度形成明确的计划。

1.2.1 什么是年度经营计划

企业的年度经营计划,是指按照企业章程规定、由企业内各组织在规定时间内制订出的每年常规性计划。在企业全面预算管理中,年度经营计划的制订和执行有非常重要的价值。无论企业规模如何,为了维持长期运营,其都需要制订年度经营计划。

宏观上看,年度经营计划并非简单的工作、营销、管理模式,而是有关组织整体运营的基本方式。对企业而言,年度计划能将战略计划、经营计划和全面预算管理、组织管理、项目管理等内容有效连接起来,提供实现战略目标的重要保障。

从竞争优势构建角度看,形成高效的年度经营计划,是企业在环境、资源、价值等条件受到限制的情况下,提升其优势地位的最实用途径。很多企业的发展瓶颈并非资本、营销的问题,而是内部管理运营模式的问题。一些企业缺乏稳定的组织架构,没有清晰的工作思路……这些问题的根源在于缺乏高效的年度经营计划。这样的企业即使能在短期内一招领先,但从长远看还是无法彻底解决潜在问题,还是必须依靠年度经营计划来调整和完善。

1.2.2 全面预算管理与年度经营计划中常见的问题

全面预算管理与年度经营计划,是科学有效的管理方法和手段。在实际应用中,企业需要对与此相关的战略管理模式进行深入解读,避免由于出现问题而影响管理效果。

1. 全面预算管理的常见问题

全面预算管理的常见问题主要有五种,如图 1.2-1 所示。

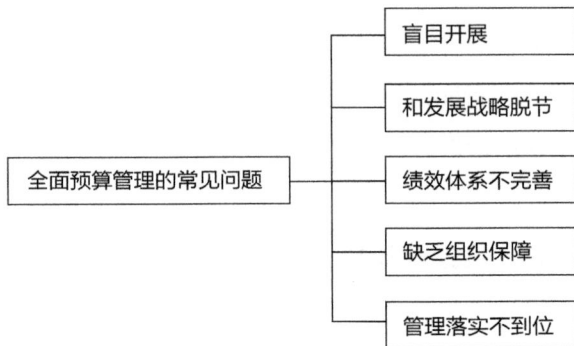

图 1.2-1　全面预算管理的常见问题

（1）盲目开展。当企业不断发展时，为有效提升管理水平，很多企业急于开展全面预算管理，却并未做好基础工作。有些企业甚至只是印发了一系列文件，就"宣称"全面预算管理工作开始了。这很容易导致全面预算管理效果不佳，甚至出现为了预算而预算的情况。

（2）和发展战略脱节。企业开展全面预算管理时，经常只注重短期经营活动，而忽略了长远发展，这就容易造成企业短期目标和发展战略之间的矛盾。很多预算管理内容只围绕短期目标制订，虽然能在短期内取得一定效果，但从长远角度来看，无法保证企业的可持续发展。

（3）绩效体系不完善。绩效，是企业全面预算管理的重要组成部分。企业需要在绩效体系支撑下对部门和员工的业绩进行考核，形成全面判断，做到赏罚分明，这样才能真正实现全面预算管理的既定目标。不少企业在开展全面预算管理时，由于权、责、利关系模糊，预算管控效果无法得到有效实现，也很难为全面预算管理提供评价指标。这不仅会导致绩效评价不公平，也会让企业内部管理效果变得不尽如人意。

（4）缺乏组织保障。企业在开展全面预算管理的过程中，由于未能提前建立完备的管理制度体系，很容易出现将全面预算管理与财务预算管理相提并论的情况。某些企业管理者甚至直接任命财务部门预算人员为全面预算负责人，这不仅导致预算管理的科学性受到影响，也使预算管理缺乏可操作性。

（5）管理落实不到位。在全面预算管理开展过程中，不少企业未能认清预算编制与预算执行的差异，将预算管理工作也归到财务部门工作范畴，导致预算管理工作无法有效落实。还有一些企业在全面预算管理开展过程中，只注重编制预算计划，却忽略了对季度、月度预算执行报告的分析和控制，这也会在一定程度上造成全面预算管理的效率下降，从而影响企业整个战略计划的实施。

2. 年度经营计划的常见问题

年度经营计划的常见问题主要有六种，如图 1.2-2 所示。

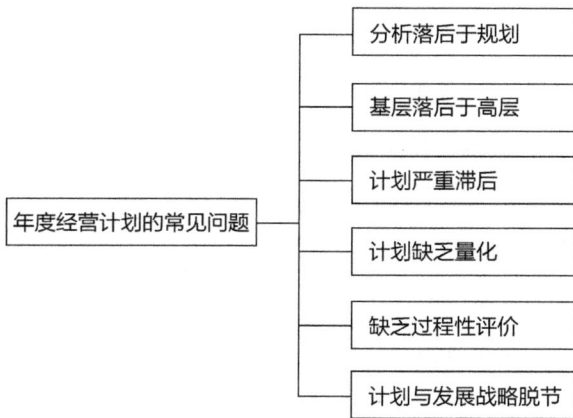

图 1.2-2 年度经营计划的常见问题

（1）分析落后于规划。很多企业在制订年度经营计划时，忽视了对企业内、外部的分析，包括对内部经营环境、外部市场环境以及竞争对手、竞争态势等的分析。这些企业的管理者投入了大量资源，规划年度目标，对目标进行分解、计划，并落实与之相关的责任部门乃至具体责任人。最终年度经营计划变成了一种内部博弈的结果。

类似问题产生的根源在于企业管理者对年度经营计划认识和定性不准确。管理者片面认为对环境非常了解，无须对宏观环境、技术、行业、竞争对手、内部管理状况过多研究，进而将年度经营计划看作执行计划。

（2）基层落后于高层。在年度经营计划的制订主体中，企业高层最多、中层其次、基层最少。结果，年度经营计划制订出来后，因缺乏核心基层员工的参与，无法在企业内部达成共识，也就难以严格按照既定计划加以执行。

在制订年度经营计划时，往往是企业高层定下"最理想"的经营目标，中层很难对之加以真正意义上的讨论和修改，从而变成了"一致通过"。但真正执行时，各个业务和职能部门又产生疑问乃至抱怨，觉得目标过高难以实现。最终，企业为了有效激励基层，只能将既定目标一降再降。

实际上，企业管理者应反其道而行之。首先通过自下而上的方式，由基层反映实际情况，帮助中层、高层集中确定经营目标；再进行分解、规划和论证；最后制订合理的年度经营计划。

（3）计划严重滞后。理论上，年度经营计划应在上一年年底之前就确定下来，但许多企业通常要拖到当年春节之前才确定，还有延迟到三四月甚至接近年中才确定的。众所周知，计划形成越迟，对企业实际经营所产生的指导作用就越弱，由此导致计划难以产生应有价值。

一般而言，年度经营计划滞后的原因，包括缺乏完善的年度经营计划管理流程、缺乏经营计划管理的人才和能力、未能及时兑现上一年度奖惩承诺、未能及时统计相关报表数据等。其根本原因在于企业管理者对年度经营计划的重要意义认识不足，或企业缺乏完善的流程或组织架构。

（4）计划缺乏量化。很多企业年度经营计划缺乏足够的量化体系。无法量化，年度经营计划就不能有效发挥作用。

企业必须要消除年度经营计划中的模糊地带，确保各个环节、策略和目标都能做到用数字衡量成果。

（5）缺乏过程性评价。在计划制订和执行中，未能设置过程性衡量与评估的环节，导致各个部门和员工根据自己的理解、利益去看待计划，计划本身需求则形同虚设。

在类似情况下，企业年度经营计划中缺失了月度、季度、半年度的检讨评价，就会逐渐让员工感觉无论怎么做，结果都一样。为此，企业必须重视和加强年度经营计划实施过程中的评价，随时进行激励。

（6）计划与发展战略脱节。不少企业认为战略应该回答长远问题，而年度经营计划只是解决当前问题，导致年度经营计划和企业发展战略脱节，计划没有表现出战略意图，那么，通过计划也很难逐步实现战略目标。

1.2.3　财务部门预算管理执行难题

很多企业制订了详细的全面预算管理方案，也不乏先进的预算管理信息化工具，以协助财务部门进行预算的编制、上报和执行管控。即便如此，每到年末，企业还是经常会发现，预算的实际效果大打折扣，甚至给企业带来了损失。

解决预算管理的效率问题，应从预算执行的各个环节加以控制，杜绝预算管理执行难题。预算管理执行难题主要包括五种困难情况，如图 1.2-3 所示。

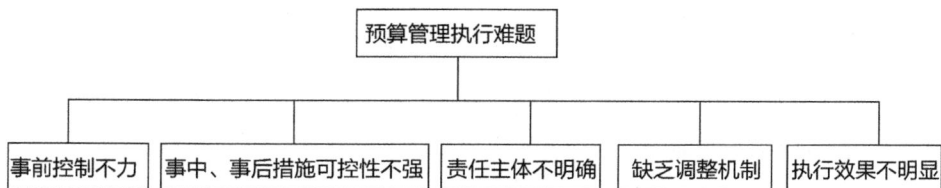

图 1.2-3　预算管理执行难题

1. 事前控制不力

出于各种原因，企业在预算执行之初，未能将事前控制做到位，导致全面预算管理计划失败。不少企业内，预算监管部门的权力和能力有限，在发现预算责任单位超预算时，经常为时已晚。由于期初预算充足，一些本应节约而不该花费的资金被使用，影响了后续正常业务的资金使用。而当某一项目费用预算不够时，又很可能直接挪用其他项目费用预算。在某些企业中，员工甚至并不清楚本部门的预算，只要部门和企业领导批准，就能"顺利"入账。

2. 事中、事后措施可控性不强

在全面预算管理过程中，事中、事后措施可控性不强主要体现在：授权、审批、调控等环节存在真空地带，仅凭原有的财务部门，无法有效组织各部门之间围绕预算沟通交流；缺少有效控制预算执行的流程；缺乏明确、稳定的预算监控措施；财务部门大都没有建立预警机制；预算的编制和执行相互割裂；预算监控更多只是依靠员工个人进行；缺少有效的信息系统工具实时监控动态过程。

3. 责任主体不明确

预算指标和执行主体的对应不够明确，分解不够彻底，容易出现各部门相互推卸责任的现象。此外，权责划分不细致，也会使得预算目标难以落实到位。

4. 缺乏调整机制

企业面临的环境随时会发生变化。由于预算编制过程复杂，执行过程中出现的问题，仅靠财务部门无法及时发现并找到相应责任人，更无法随时全面了解情况并进行调整。企业决策层通常没有明确分配调整预算的权限给财务部门，财务部门也就无法确定哪些部门可以调整，哪些部门不能调整。

上述问题，容易导致预算执行走向极端，即发生任何情况都不允许改变预算。预算变得过于刚性，使得全面预算管理失去原有的价值和意义。

5. 执行效果不明显

部分企业将预算管理机构全部设置在财务部门，使得全面预算管理的战略作用未能得到应有发挥。对企业内大多数部门而言，预算只是少数领导关注的事，普通员工关注较少，自主能动性差。财务部门工作的着眼点更多落在预算编制上，预算执行单单依靠职能部门员工自行完成，管控效果不明显。担负监督职能的部门管理人员，由于存在各种利己思想，很容易放任不符合预算的行为，仅注重最终目标实现，而放弃执行过程的严谨性。

1.2.4 什么是动态全面预算管理

全面预算管理，是能将企业内所有预算关键问题汇总于同一体系的管控方法，是综合贯彻企业发展战略的管理理念。

复杂的企业经营环境，不仅要求预算管理严谨有序，还要求预算管理灵活多样，以提升管理水平、增强竞争力。动态全面预算管理由此显得更为重要。

动态全面预算管理使得企业在先进信息技术基础上，围绕业务流程设计，以开放、动态的预算管理机制，实现资源合理配置。动态全面预算管理更重视企业长期战略目标的实现以及持续竞争优势的获得。

1. 动态全面预算管理的原则

动态全面预算管理的正确运行应满足四个原则，如图 1.2-4 所示。

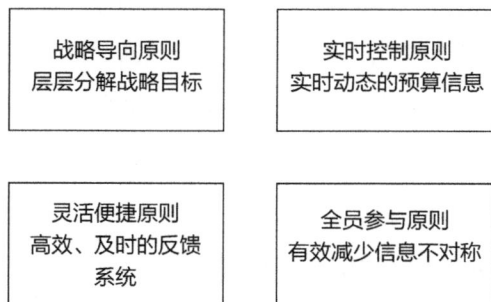

图 1.2-4　动态全面预算管理的原则

（1）战略导向原则。动态全面预算管理应围绕企业战略目标进行层层分解，落实到具体责任单元和时间计划内。通过科学调整，按步骤实现阶段性目标，最终实现战略目标。

（2）实时控制原则。动态全面预算管理是企业的控制机制，必须提供实时动态的预算信息，对企业各部门的预算行为进行监督和修正，实现内部的自我约束与激励。

（3）灵活便捷原则。动态全面预算管理也是企业内部的反馈沟通保障。面对复杂多变的动态环境，预算管理必须建立高效、及时的反馈系统，以便能在最短时间内将重要信息反馈给企业各部门，保证管控目标的实现。

（4）全员参与原则。动态全面预算管理是一种参与机制，涉及企业不同层面、业务部门和各项具体业务。全员参与，能有效减少信息不对称的情况，减少影响内部交易成本的不利因素，真实体现企业的经营状况。

2. 动态全面预算管理的条件

建立动态全面预算管理体系所需的条件具体如下。

（1）完善的信息化系统。企业应通过信息系统和数据功能，将全面预算的编制、审核、分发、执行、监管等过程固化在信息系统中，实现全自动预算编报过程。以此将预算管理的财务与业务环节紧密对接，实现数据的全面反映和全局共享。

（2）业务流程再造。全面预算管理的动态化与业务流程再造紧密关联。企业应以作业过程为中心，将不具有价值增长空间的作业活动剔除，将具有价值增长空间的作业活动重新整合，优化作业过程。通过这些工作，建立和健全业务流程、管理体系、控制要点，以实现企业内部信息流转畅通，为全面预算管理创造良好的管理氛围。

1.2.5　年度经营计划与年度经营环境

经营环境，是指企业经营所面对的外部环境和内部环境。企业外部环境包括社会、经济、行业、技术等因素；企业内部环境包括企业自身的策略、经营、制度、人事等因素。

企业想要制订科学有效的年度经营计划，应从研究和分析环境着手，对影响企业经营的不同环境因素和作用进行评估和分析，以形成适应环境的动态计划。

1. 企业外部环境

企业外部环境，可分为两大层次，即宏观环境和微观环境。

（1）宏观环境，包括政治、经济、技术、社会文化和自然环境等。其中，政治环境包括国家法律法规、方针政策、执法体系等。经济环境包括宏观经济形势、行业环境、市场和竞争状况等。技术环境包括科技研究的领域、成果分布和先进程度、科研开发的实力等。社会文化和自然环境，包括对企业生产经营环境会产生影响的各类环境，如自然灾害、文化水平、社会消费习惯等。

（2）微观环境，主要包括市场需求、资源环境和行业环境。

市场需求包括现实需求和潜在需求。现实需求影响企业目前的市场销量；潜在需求则影响企业未来的市场销量。资源是指企业为从事生产经营活动所需要投入的各类资源，其中主要包括人力、财力、物力、技术和信息等，如资源开发利用状况、资源供应状况和资源发展变化情况等。

行业环境包括行业概貌和竞争结构等。其中，行业概貌主要指企业所处的发展阶段、行业在社会经济中的地位、行业的产品和技术特征等。竞争结构主要指行业的竞争态势，如潜在进入者、替代品、购买者、供应者和竞争者等。

2. 企业内部环境

企业内部环境，包括物质和文化环境，是企业物质条件、工作状况和综合能力的具体体现，也是企业经营系统的内部基础。

通常情况下，企业内部环境分析的内容，包括企业资源分析和企业能力分析，如图 1.2-5 所示。

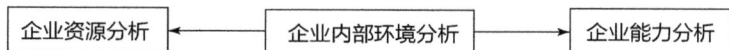

图 1.2-5　企业内部环境分析的内容

（1）企业资源分析。企业的所有活动都应借助一定资源进行，其中主要资源包括人力资源、财力资源、物力资源、技术资源、信息资源等。

（2）企业能力分析。企业能力分析是指对企业有效利用上述资源的能力进行分析。这些能力有不同类别，如按照重要程度划分，可分为一般能力和核心能力；按照综合性划分，可分为综合能力和专项能力；按照内容划分，可分为组织能力、社会能力、营销能力和技术能力等。

1.3　全面预算管理前如何准备

为成功推行全面预算管理工作，企业需在软件和硬件方面做好准备工作，其中包括形成正确的战略规划、设定合理的经营目标、搭建有序的组织结构和基础体系以及制订具体的经营计划。

1.3.1 如何做好战略规划

企业战略规划是全面预算管理的依据。正确的战略规划，对企业当前和近期的生产经营活动起着指导和约束作用。对全面预算管理而言，缺乏明确战略导向，就很难确定预算的起点与目标，无法实现良好的预算管理效果。

1. 战略规划的内容、步骤和工具

企业战略规划的主要内容和步骤如图1.3-1所示。

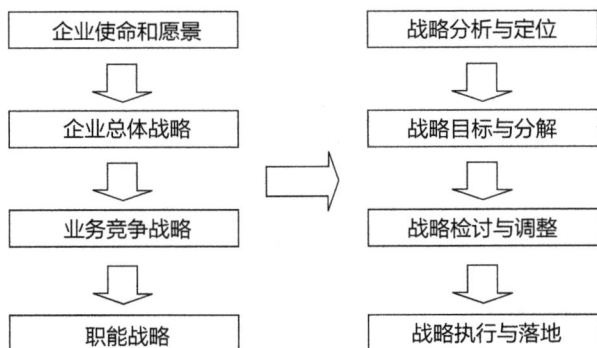

图1.3-1 企业战略规划的主要内容和步骤

通过解读图1.3-1所示的企业战略规划的主要内容和步骤，可明确以下要点。

（1）战略规划的主要内容。在战略规划中，管理者应确定企业的使命、愿景和总体战略，并在此基础上进一步明确具体的业务竞争战略和职能战略。

（2）战略规划的步骤。战略规划的步骤主要包括战略分析与定位、目标与分解、检讨与调整、执行与落地。

（3）能用于战略规划的工具有很多，其中最主要的工具如下。

①宏观环境的PEST分析。PEST分析是指宏观环境分析，P是政治（Politics），E是经济（Economy），S是社会（Society），T是技术（Technology），如图1.3-2所示。在分析一个企业所处的背景时，通常是通过这四个因素来分

析企业所面临的状况的。

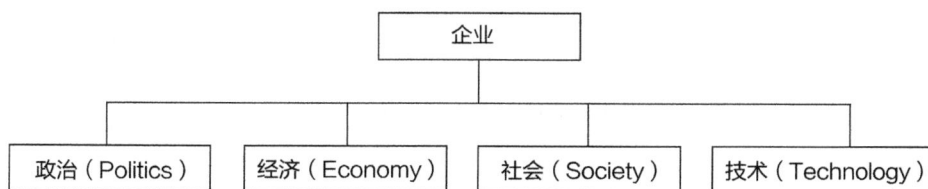

图 1.3-2　PEST 分析

②针对行业环境的五力竞争分析。五种力量分别是：A. 行业新加入者的威胁；B. 现有竞争者之间的竞争程度；C. 替代产品的威胁；D. 购买者讨价还价的能力；E. 供应商讨价还价的能力。这五大竞争驱动力，决定了企业的盈利能力，所以企业战略的核心应在于选择正确的行业，以及行业中最具有吸引力的竞争位置。

③分析制订企业战略的 SWOT 工具。S 是优势（Strengths），W 是劣势（Weaknesses），O 是机会（Opportunities），T 是威胁（Threats），如图 1.3-3 所示。所谓 SWOT 分析，即基于内、外部竞争环境和竞争条件下的态势分析，就是将与研究对象密切相关的各种主要内部优势、劣势和外部的机会和威胁等，通过调查列举出来，并依照矩阵形式排列，然后用系统分析的思想把各种因素相互匹配起来加以分析，从中得出一系列相应的结论。

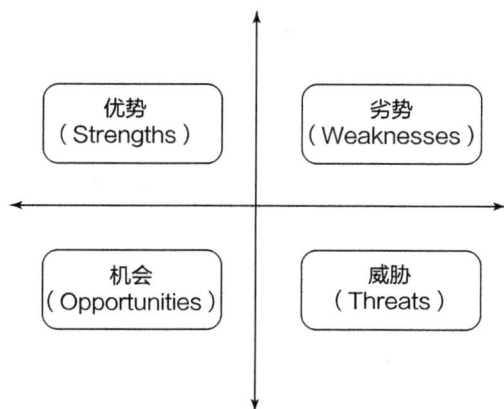

图 1.3-3　SWOT 分析

④进行产业战略布局的麦肯锡三层面理论分析。在《增长炼金术：企业启动和持续增长之秘诀》一书中，作者提出所有不断保持增长的大公司的共同特点是保持三层面业务的平衡发展：第一层面是拓展和守卫核心业务；第二层面是建立新兴业务；第三层面是创造有生命力的候选业务。这几个层面能够源源不断地建立新业务；能够从内部革新其核心业务，同时又开创新业务。它们所掌握的技巧在于保持新、旧更替的管道畅通，一旦出现减退势头便不失时机地以新替旧。这就是著名的麦肯锡三层面理论。

2. 战略规划的运行特点

企业战略规划，是结合企业外部环境和内部经营要素，确定企业使命，保证目标正确落实并予以推动实现的动态过程。具体而言，战略规划主要指企业层面的综合业务规划，包括市场规划、网络规划、IT（Information Technology，信息技术）规划和人力资源规划等。这些规划指导着业务部门的工作重点及方向，其内容呈现出以下特点。

（1）战略规划不仅涉及战略制订，也包含着实施战略的管理内容。

（2）战略规划并非静态的管理行动，而是循环往复的动态管理过程。战略规划需要根据外部环境和内部条件的改变，结合战略执行结果的反馈信息，不断重复进行新一轮的规划管理。

（3）战略规划的实际运行包括四个不同阶段，如图 1.3-4 所示。

图 1.3-4　战略规划的四个不同阶段

在通常情况下，战略规划由战略环境分析、战略制订、战略实施和战略评价调整等四个不同阶段组成。这一过程不断重复和更新。除了战略环境分析与战略制订外，战略实施与战略评价调整也同样重要。

3. 战略规划与全面预算管理

战略规划需要解答一系列问题：如何在企业内部分配和使用现有资源，应该获得哪些外部资源并正确使用，如何调整现有组织结构，如何进行企业文化管理等。这些问题关系着企业管理的各方面，首要问题是对资源的配置。

全面预算管理是资源配置问题的最佳解决方案，并因此成为企业战略规划的重要工具。两者的关系可以从以下角度进行分析。

（1）以战略规划为导向，开展全面预算管理工作。当企业外部环境相对稳定，市场竞争不是很激烈时，若企业单纯为实现利润最大化，即可以销售预测为依据编制全面财务预算。然而，这种导向过于理想化，无法涵盖大部分全面预算管理工作的内容。

全面预算必须基于企业发展战略编制。例如，企业预算的依据和起点应该是战略目标，而全面预算则应以分解后的年度战略目标为基础和出发点，形成具体且与战略目标一致的预算。

（2）以战略规划为导向，对资源进行整合。全面预算管理的核心，在于对企业未来行动进行事先安排和计划，对内、外部各种资源进行分配、考核和控制。资源整合时，应充分考虑企业战略规划对资源配置的要求，将资源集中配置在战略规划的关键领域和流程中，使企业按照既定战略目标行动。

1.3.2 如何制订合理目标

合理目标，是全面预算管理的重要组成部分。企业自身所处的发展阶段不同，决定了企业预算目标的侧重点有所不同。只有在合理目标指导下，找出全面预算管理的规律，才能提升预算管理水平，提高企业整体素质。

1. 预算目标体系

预算目标，主要是指企业进行全面预算管理所要达到的目的。宏观上看，全面预算管理目标是通过规划和控制企业各类资源，提高企业整体绩效。具体而言，该目标还应进一步被细化和分解。

通过构建预算目标体系，企业能针对内、外部经营环境，通过预算指标的相互配合，准确表达经营目标和发展战略。

2. 明确预算目标与全面预算管理的关系

预算目标是企业全面预算管理的起点，也是全面预算管理考评的落实点。确定预算目标，可以提升企业预算编制的合理性、预算执行的可控性、预算考评的客观性和公平性，更有利于企业日常管理的有序和协调。

（1）不同的预算目标，对组织体系有不同影响。由于预算目标不同，企业在全面预算管理的组织体系设计上也各有侧重。预算目标导向对预算组织体系的影响如表 1.3-1 所示。

表 1.3-1　预算目标导向对预算组织体系的影响

预算目标导向	预算组织体系
以销售为导向	设立预算管理委员会、办公室
以资本投入为导向	增加设置计划投资专业预算小组
以现金流量为导向	增加资金集中管理中心
以成本控制为导向	实行预算责任细化管理，对应每个下属部门

预算目标导向对预算组织体系的影响包括各个方面，在企业预算组织体系的建设中，应有相应体现。

（2）不同的预算目标，对预算编制内容也有不同的影响。以销售为预算目标导向的企业，应根据各种产品历史销售量分析，结合市场预测，按产品、地区、客户和其他项目，分别编制预算，再加以汇总。

以资本投入为预算目标导向的企业，其预算编制应以资本预算为重要内容，包括投资项目的总预算、项目可行性分析、项目投资总预算和各期现金流出总额的预算等。

以现金流量为预算目标导向的企业，其预算编制应围绕资金的收、支两条线，将进、销、存各环节纳入预算范围。

以成本控制为预算目标导向的企业，应重在建立标准成本管理制度，并在此基础上编制成本预算。

3. 合理制订目标

预算目标形成的基本理念在于"以终为始"。这一理念与传统目标制订理念有所差异。

预算目标形成的基本理念如图 1.3-5 所示。

是这样	而不是这样
这是我们要达到的目标	这是我们拥有的资源
↓	↓
这是我们如何做	这是我们如何利用它们
↓	↓
因此我们需要这些资源	因此这是我们能达到的目标

图 1.3-5　预算目标形成的基本理念

解读图 1.3-5 可知，制订合理预算目标应考虑的关键因素包括企业战略规划、商业模式、资源投入与整合方式、可选择的行动措施、资源分配体系和关键资源获取能力。在此基础上，首先考虑企业应达到的目标，再围绕如何达成目标，综合考虑上述因素，设计最好的预算管理方案。

1.3.3　如何搭建组织架构

科学搭建预算管理组织架构，能让预算管理变得更为严谨有序，从而显著提高预算管控的工作效率，保障全面预算管理的有序开展，促成企业综合竞争力的提升。

现代企业常见的四级预算组织架构如图 1.3-6 所示。

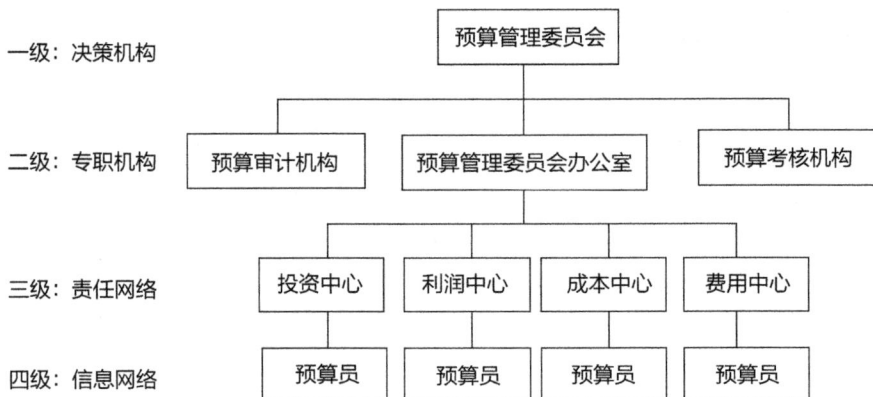

图1.3-6 现代企业常见的四级预算组织架构

现代企业常见的四级预算组织架构主要包括以下内容。

1. 预算管理委员会

企业董事会下属的预算管理委员会，是预算管理决策机构，组织领导企业全面预算管理工作。预算管理委员会的主任，通常由企业董事长或总经理担任。委员会其他成员包括企业内各相关部门的主管，如主管销售的副总经理、主管生产的副总经理、主管财务的副总经理以及预算管理委员会秘书长等。

预算管理委员会是企业全面预算管理的最高管理机构。

2. 预算审计机构

预算审计机构负责对企业预算的编制、执行、分析、调整、考核情况进行审计和分析，发现企业经营管理中存在的问题和矛盾，提出改进措施和建议。该机构通常由财务部门和其他部门联合组建而成，其主要职能是通过审计整改和规范预算管理，维护预算的严肃性，促进全面预算管理水平进一步提高。

3. 预算管理委员会办公室

预算管理委员会办公室是预算管理委员会的下设机构，具体负责全面预算管理的组织领导和日常工作，其中包括：负责建立健全企业预算管理及运行机制，制订预算管理制度，编制企业年度预算草案，下达年度预算控制数，完成年度预算分配和预算调整，监控预算执行；编制企业预决算分析报告及意见书，完成各类报表和相关数据统计工作等。预算管理委员会办公室还可以下设投资中心、利润中心、成本中心和费用中心等部门。

4. 预算考核机构

预算考核机构负责对企业内各级预算责任单位的执行结果进行考核和评价。该机构通常由财务部门、人力资源部门和其他相关部门联合组建而成。预算考核机构负责对整个预算管理体系的经营业绩进行考评，也负责对预算执行单位和人员进行考核。

5. 预算责任主体和预算员

预算责任主体为企业各职能部门和各分、子公司等，负责预算编制、执行、控制和分析。预算员为预算信息日常管理工作人员。各职能部门和各分、子公司均设一名预算员，负责预算信息归集和传递、日常预算协调等工作。

1.3.4 如何搭建基础体系

全面预算管理基础体系，由全面预算管理的决策机构、工作机构和执行机构组成，承担预算编制、审批、执行、控制、调整、监督、核算、分析、考评及奖惩等一系列预算管理活动。

基础体系是全面预算管理有序开展的环境。全面预算管理效果如何，基础体系在其中发挥着关键性作用。

1. 基础体系的构成

预算管理决策机构，是指组织领导企业全面预算管理的权力机构。

预算管理工作机构，是指预算编制、审批、协调、控制、调整、考评与奖惩的组织部门。

预算管理执行机构，则是指企业内负责执行预算的各个部门主体。企业内绝大多数职能管理部门都充当预算管理工作机构和预算管理执行机构的双重角色。

2. 基础体系的设置原则

不同企业的经营规模、组织结构、行业特点、内外环境等因素各不相同，全面预算管理基础体系的具体设置也有所不同。其主要设置原则如下。

（1）科学规范原则。全面预算管理基础体系既要符合法律法规的有关规定，也要体现全面预算管理的内在规律。例如，预算编制责任由企业董事会承担，预算的审定权力由企业股东会享有等相关条款应由企业在设置全面预算管理基础体系、划分有关机构责任与权力时予以明确。

（2）高效原则。高效原则是指全面预算管理基础体系的运行应反应敏捷、作用有力、执行坚决、反馈及时，这是现代企业组织管理的基本要求。设置预算管理基础体系的目的，在于充分有效地实施预算管理职能，确保全面预算管理活动的顺利进行。只有高效运行的组织机构，才能保证该目的实现。

（3）适度原则。全面预算管理基础体系的建立，应结合企业实际，既不能叠床架屋，又不能过于简单。过分庞大的预算管理基础体系，会增加预算管理成本，降低管理效率；而过于简单的预算管理基础体系，又难以担负全面预算管理的任务，会导致员工疲于应付、领导者缺乏全局观。因此，适度地设置全面预算管理基础体系，配备数量对应的资源和人员，对企业来说是非常重要的。

（4）全面系统原则。全面预算管理既涉及企业经营的人、财、物等方面，又关系到企业供、产、销等不同环节，属于覆盖整体的系统工程，强调全员参与和全过程控制。因此，企业必须秉持全面系统的原则，从以下两方面构建基础体系。

①确定全面预算管理的决策机构、工作机构和执行机构，包括组织架构设置和岗位人员安排，落实不同机构在预算管理工作中的责任与权利。

②全面预算管理基础体系的建设应与企业组织结构对应，避免全面预算管理活动相互脱节，甚至出现管理空白。

（5）权责对等原则。全面预算管理的各个组织机构，应负有明确清晰的管理责任和权限，确保权责明确而相当，减少管理过程中的模糊性。权责明确是指应根据全面预算管理组织机构具体从事的管理活动，明确其履行职责应承担的责任和享有的权力。权责相当则是指承担的责任和享有的权力应该相互对等和匹配，将责任和权力有机结合。

3. 构建基础管理流程

全面预算管理超越传统的纯财务预算范畴，将目标预测，规划，业务计划，预算编制，跟踪、分析、报告和绩效考核通过预算目标体系紧密联系、协调一致。由此形成的管理流程，是全面预算管理的坚实基础。

全面预算基础管理流程如图 1.3-7 所示。

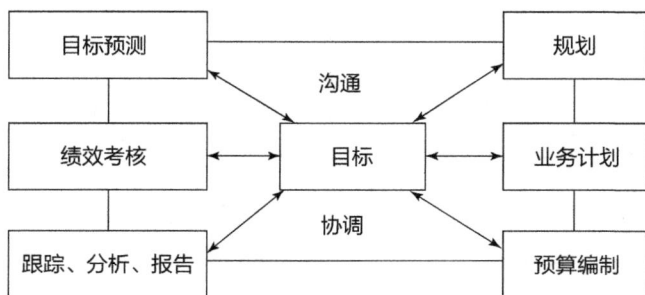

图 1.3-7　全面预算基础管理流程

全面预算基础管理流程可划分出以下重要因素。

（1）规划，即中长期目标设定，主要指企业层面的综合业务规划。

（2）业务计划，即整个企业内各级管理层先为下属部门设定分解后的业务目标，各部门再根据业务目标，制订业务计划，提出投资需求。

（3）预算编制，即围绕业务目标和业务计划，进行资源配置。企业内各层级、部门需根据设定的业务目标以及详细的业务计划，预测完成目标和计划所需的资源（如市场、网络、设备、员工、资金等）、成本、投资等，并编制年度预算。

（4）跟踪、分析、报告。各部门需对目标完成情况进行跟踪、分析，客观、准确、及时地记录所发生的运营业务活动和消耗的资源，同时将记录的结果汇报给对应的预算管理机构。预算管理机构需将实际发生的耗费与预算进行差异分析，关注"例外"事项的预算管理。

（5）绩效考核。根据目标完成情况和激励制度，对完成或超额完成目标的业务部门和人员进行业绩评估，并予以奖励。

（6）目标预测，即进行中长期及年度市场和投资需求预测，用以调整并设定新目标。其中，年度预测应落实到品牌和业务等具体内容。

1.3.5　如何制订年度经营计划

企业构建与执行全面预算管理机制的过程中，应结合年度经营计划，科学有序地安排生产和经营活动。尤其在制订全面预算管理策略的过程中，企业应将年度经营计划与预算管理机制融合起来，结合企业年度、季度的生产时间、盈利目标等计划，制订详细的管理方案。因此，正确制订年度经营计划，对全面预算管理的效果有很大提升作用。

从全面预算管理角度来看，企业制订年度经营计划的重点包括以下几点。

1. 树立正确科学的理念

为促进企业健康、可持续发展，应从现实情况出发制订年度经营计划，既要确保企业生产经营管理活动有充足资金，又要节约经济成本。企业应根据当前所拥有的资金、物资和其他资源，合理安排生产活动，不断提升生产效率。

例如，企业可通过生产经营计划，为科学研究、技术创新提供资金与条件，提高员工的劳动和实践创新积极性，增加产品和服务的技术含量，发挥资源成本的最大作用。

2. 明确全面预算管理和年度经营计划的关系

不少企业在多年管理经验的基础上，形成了预算管理能力。但想要充分发挥全面预算管理的作用，必须以企业长期发展战略和年度经营计划为基础。否则，其在客观上将会妨碍全面预算管理工作的开展。

为强化企业的全面预算管理，必须确保年度经营计划方案清晰明了。年度经营计划方案和全面预算管理基础体系相配合，才能形成完整的计划与预算功能。

3. 制订年度经营计划

年度经营计划主要包括年度业务计划、财务计划、资金计划、投资计划和人力资源计划。如果企业是集团公司，年度经营计划应当分为业务主管部门和子、分公司两种形式。

（1）年度业务计划主要包括年度经营计划目标、上年度的经营情况分析、为达成年度目标应当采取的总体经营举措（可称之为年度总体指导方针）、总体的外部经营环境分析、影响经营目标的风险及防范和化解风险对策等。

（2）年度财务计划主要包括会计假设、关键财务指标计划。

（3）年度资金计划主要包括年度外部融资环境、年度总体资金计划。

（4）年度投资计划主要包括上年投资预算预计完成情况、年度投资工作指导思想和原则、年度投资计划初步安排、落实投资计划的管理措施。

（5）年度人力资源计划主要包括编制依据、方法和原则，以及工作目标。

4. 实施年度经营计划的步骤

企业实施年度经营计划，支撑全面预算管理的步骤思路，主要包括以下几点。

（1）提出年度经营目标，实施任务分解。该环节通常由企业最高决策层发起，以战略研讨会或经营分析会形式组织高管团队研讨，拟定年度框架性经营目标方向和总体要求。

随后，组建经营计划和预算工作组织，成员既包括运营管理和财务部门的负责人，也包括各经营和业务部门的负责人。该组织根据经营目标，形成具体工作任务和详细目标，确保其中每项工作、计划、指标都能落实到人，清晰可控。

（2）梳理资源匹配计划，满足经营计划目标实施和落地需要。企业内各经营和业务部门，围绕所需完成的具体工作任务和目标需求，识别人、财、物等资源需求，制订满足和支撑需求的措施、计划和费用预算。

（3）实施过程管控。此环节注重对目标的动态管控和及时纠偏。为此，应建立针对年度经营计划的监督监控机制，对计划的推进实施动态管理，保证计划真实可控。不同的经营和业务部门，也可通过经营活动分析报告、经营分析会等形式，定期对各项计划目标完成情况进行分析，积极应对内外部经营环境的变化，规避和防范不同风险，及时调整经营策略。

第 2 章
经营预算编制与年度经营计划编制

　　经营预算，是指企业日常生产经营各项活动的预算，涉及供、产、销各个环节和业务。经营预算包括采购预算、生产预算、销售预算、成本预算、费用预算等各个方面。做好经营预算的编制，是开展全面预算管理工作的基础。

　　年度经营计划的编制，同样横跨了企业各个部门，包括为达成企业年度目标需要开展的重点工作。通过编制年度经营计划，企业能有效确定年度目标、规划年度活动、确定年度经营重点。

2.1 采购预算的编制

采购预算，是企业内采购部门为配合年度销售预测，对所需原料成本进行的估算。采购预算如单独编制，很容易导致其实际应用价值降低，并导致采购部门与其他部门之间的配合缺失。因此，采购预算必须以企业全面预算管理制度为依据，将预算内容涵盖企业生产经营的各方面。

2.1.1 采购目标的下达

采购目标的下达，重在解决一系列影响采购预算管理决策的关键问题，包括：选择自制还是外购产品，即判断产品、服务是否需要从企业外部采购；采购的具体内容和条件，即采购什么、如何采购、采购多少、何时采购；采购所需要花费的资源等。

受企业生产经营项目整体计划方案的影响，在下达采购目标时，应综合考虑相关约束条件并有机整合。同时，还应考虑采购部门自身的组织活动资源是否能满足承担采购任务的合理需要。

1. 制订采购目标的过程

制订采购目标的过程包括四个步骤，如图 2.1-1 所示。

（1）落实制订采购目标的技术和管理条件。正确下达采购目标的前提，在于熟悉和掌握采购项目的特性、基础资料等有关信息，包括企业组织内、外部的沟通，调查研究信息，并通过对采购的需求分析，得出有关成果，将之作为采购目标制订的技术和管理条件。

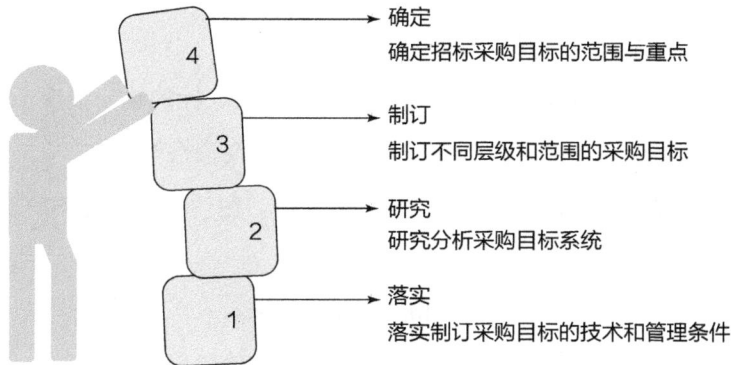

图 2.1-1　制订采购目标的过程

（2）研究分析采购目标系统。企业应根据采购系统多目标特性，研究目标之间的相关性、层次性和动态性特点，在整体目标约束下，从企业利益出发，将采购整体效率最大化作为采购总目标。为此，需要对采购目标进行分解，研究分析采购目标之间的关系，包括采购标的物基本功能需求、关键项目利益相关方的期望、其他利益相关方要求、实现目标的风险评估等。此外，还需识别相关技术和管理措施是否可靠。

（3）制订不同层级和范围的采购目标。企业应根据采购目标特点，确定目标的层级和范围。例如，应依据经营项目总体目标和任务，进行分层次目标分解。在各方充分沟通的基础上，制订不同层级和范围的具体目标体系，同时应注重不同目标相互制约和影响的关系。

（4）确定招标采购目标的范围与重点。这是采购目标制订的核心任务。在特定的采购活动中，工作重心应该结合项目本身特性和期望目标。管理层应对采购目标进行鉴别、权衡和选择，确定采购的主要目标、次要目标，确定采购关注的重点需求，以此来构思采购管理方案，从而指导整个采购管理活动。

2. 采购目标的下达内容

（1）采购项目管理方案。该方案是描述如何进行采购管理的全局性文件，属于全面预算管理方案中的采购管理内容。其具体包括以下内容。

①采购的总体设想、方式和流程。

②采购标的物和有关制约条件，包括采购范围、标的物、批次、时机、数量、档次标准和技术参数、成本估算或预算、供应商资格等。

③采购管理的目标、范围、重点和难点分析，包括采购目标的质量、价格、进度需求目标和工作安排等。

④采购的组织管理模式、资源和不同保障措施。

⑤可能的采购风险与对策，分析与风险有关的信息。

（2）采购工作说明书。企业应依据采购项目范围和工作分解结构，为不同的采购项目编制工作说明书。说明书应明确本次采购范围、详细技术需求等，以便能确定潜在供应商是否有能力提供相关产品、服务或成果。详细技术需求的具体内容，应结合采购对象的性质、采购需要采用的合同形式而定，通常包括拟采购的产品、服务或成果的规格、数量、质量、性能参数、履约期限、工作地点和其他内容。采购工作说明书还应该对采购流程具体要求、具体工作安排、重要节点等内容提出明确和具体的操作规定。

（3）各类招标采购文件和供应商选择标准。下达目标的部门应尽量选用国家、行业、地方及企业内部出台的不同类型的招标采购文件标准版本。

2.1.2 采购目标的分解

采购管理的总目标，是以最低总成本为企业提供满足其需要的资源和服务。

实现采购目标，不只是采购或预算管理部门的事情，而需要进行有效分解，并以此推动整个企业共同努力。

采购目标可以分解为四个方面的子目标，如图2.1-2所示。

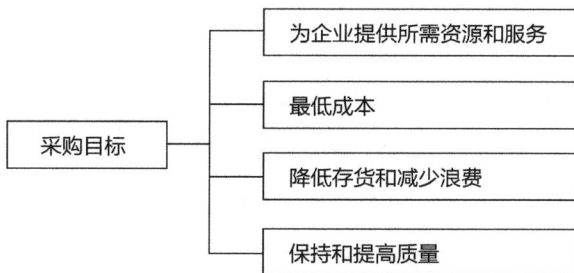

图2.1-2　采购目标的子目标

1. 为企业提供所需资源和服务

该子目标是采购目标最基本的内容。为企业提供不间断的资源和服务，维持企业的正常经营运转，是采购部门的第一要务，也是采购预算管理的最终目的。如忽视该子目标，会导致原材料和零部件的短缺，造成运营成本增加，同时无法向客户兑现交货承诺，给企业造成损失。

2. 最低成本

在普通企业中，用于采购的资金流量是最大的。在确保质量、服务等各方面要求能够被满足的前提下，采购目标必须包含能获得的最低价格、付出最少的采购成本来得到资源和服务。

3. 降低存货和减少浪费

企业为不间断生产经营，必须保持一定的库存，必然需要占用现金。然而，保持库存的成本，会导致相关的浪费。因此，采购部门在分解目标时，应注意控制存货和减少浪费，节约资金，将资金投入其他预算。

4. 保持和提高质量

为生产产品、提供服务，企业投入的每一笔物料或资源都应达到一定质量要求，否则最终产品或服务的质量很可能无法满足客户的要求，或者其生产成本将超过企业能接受的程度。因此，采购目标的分解应包含确保质量的子目标要点。

2.1.3 如何编写采购计划

采购计划，是指企业在了解市场供求情况、认识企业生产经营活动过程和掌握生产资源消耗规律的基础上，对计划期内物料采购活动做出的预见性安排和部署。

采购计划属于企业生产经营计划的一部分，是企业全面预算管理计划与目标的重要支撑部分。

1. 计划内容

合理的采购计划，能使企业有条不紊地顺利实现采购管理方案。采购计划应解决采购中存在的六个问题，即采购什么、采购多少、向谁采购、何时交货、何地交货和怎样运输。采购计划的内容如表2.1-1所示。

表2.1-1 采购计划的内容

计划内容	计划目的
概要	扼要综述采购计划的目的
目前状况	提供有关市场、物料、竞争以及宏观环境的相关背景资料
机会与问题分析	确定主要的优势、劣势、机会、威胁和面临的问题
计划目标	确定计划在采购成本、市场份额和利润领域所需完成的目标
采购战略	提供将用于实现计划目标的手段
行动方案	确定执行采购的时间、主体和费用
过程控制	确定如何监控采购计划实施过程

采购计划的内容包括概要、目前状况、机会与问题分析、计划目标、采购战略、行动方案和过程控制等，在制订采购计划前应充分理清这些要素。

2. 计划分类

广义的采购计划，是指企业为保证生产经营而编制的各类采购计划的总称。狭义的采购计划，是指预算期内的采购计划，即企业对预算期内生产经营活动所需采购数量和时间的安排与部署。

采购计划可以从以下角度进行分类。

（1）按计划期间的长短，采购计划可以分为年度物料采购计划、季度物料采购计划和月度物料采购计划。

（2）按物料使用方向，采购计划可分为生产产品物料采购计划、维修物料采购计划、技术改造用物料采购计划和管理用物料采购计划等。

（3）按产品自然属性，采购计划可结合企业实际生产经营所需物料品种进行分类。

（4）按采购计划程序，采购计划可分为采购认证计划和采购订单计划。

（5）按采购层次，采购计划可分为战略采购计划、业务采购计划和部门采购计划。

3. 计划的编制程序

编制采购计划的主要环节包括编制采购认证计划和采购订单计划两个方面。其中，编制采购认证计划是采购计划的准备阶段，编制采购订单计划是采购计划的执行阶段。

订单计划编制应充分考虑市场需求和企业自身生产需求，使采购认证计划和采购订单计划保持平衡，确保采购能及时供应，降低成本。

（1）采购认证计划。采购认证是指企业采购人员在考察采购环境后对供应商进行的认证。采购认证计划编制程序包括以下四个方面。

①准备认证计划，包括明确需求、准备认证环境资料、制订认证计划说明书。

②评估认证需求，包括分析需求、确定认证目的。

③计算认证容量，包括分析项目认证资料、计算总体认证容量、确定剩余认证容量等。

④制订认证计划，包括对比需求与容量、综合平衡、最终制订认证计划。其中认证物料数量和开始认证时间的计算公式如下：

认证物料数量 = 开发样品需求数量 + 检验测试需求数量 + 样品数量 + 机动数量

开始认证时间 = 要求认证结束时间 − 认证周期 − 缓冲时间

（2）采购订单计划。采购订单是指企业采购部门在认证确定供应商之后向供应商发出的订货票据，是企业和供应商之间订立采购合同的重要依据。采购订单包括采购所需的重要信息，如采购数量、商品规格、质量要求、采购价格、交货日期和交货地点等。

采购订单计划是采购订单的执行计划，能够详细记录企业采购的循环流动轨迹。企业通过采购订单计划，可以直接向供应商订货，并通过对采购订单的有效跟踪，使得采购预算管理执行情况一目了然。

采购订单计划的编制程序包括四个方面，如图2.1-3所示。

图2.1-3　采购订单计划的编制程序

①接收市场需求。首先必须熟悉市场需求或市场销售的计划，并对之进一步分解推导，得到生产需求计划。

②接收生产需求。生产需求是根据生产计划而产生的，主要来源于产品出产计划、独立需求预测、物料清单和库存信息等。

③准备采购环境资料。采购计划通常使用信息系统管理，采购管理人员根据生产需求物料项目，从信息系统中查询了解物料的采购环境参数及描述，形成采购环境资料，用以支持采购计划。其内容包括订单物料的供应商信息、订单比例信息、最小包装信息和订单周期等。

④制订采购计划说明书。准备好制订采购计划说明书所需要的资料，包括材料计划说明书和附件，其内容包括物料名称、需求数量、到货日期、市场需求计划、生产需求计划和采购环境资料等。

2.1.4　如何编制采购预算草案

采购预算草案，作为控制工具，能指导和约束采购人员职责的发挥，确保他们能从优秀的供应商处采购符合企业要求的高品质物料和服务。

1. 基本原则

编制采购预算草案的基本原则如图2.1-4所示。

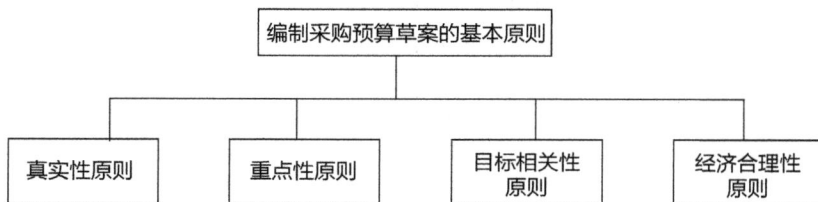

图 2.1-4　编制采购预算草案的基本原则

（1）真实性原则。草案的制订，必须以实际的市场调查和企业内部调查为依据。对与采购有关的数据，应运用科学合理的方法进行测算，力求各项数据真实准确。

（2）重点性原则。草案应做到统筹兼顾、照顾重点，合理安排各项资金，按基本支出、重点支出、急需支出和一般支出顺序予以保证。

（3）目标相关性原则。草案的内容应是日常生产所必需的，确保采购与企业经营活动目标相关。

（4）经济合理性原则。草案应经济合理，即在不影响任务目标的前提下，提高资金利用效率，把有限的资金用到实处，确保工作正常进行。

2. 编制采购预算草案的方法

（1）固定预算法。其是指将预算期内正常的、能实现的某一固定业务量水平作为唯一采购基础的预算方法。实际操作中，通常依据上一年度的采购经费，加上一定比例的浮动来编制采购预算。

（2）零基预算法。其是指以零为基数编制采购预算的方法。在编制采购预算时，以零为起点，根据企业目标，重新审查每项采购活动对实现目标的意义和效果，并重新排列各项采购活动的优先次序。

（3）弹性预算法。其是指在固定预算法的基础上，根据预算期内可能发生的多种业务量水平，确定与之相适应的采购费用数额的方法。

（4）增量预算法。其是指以上一年预算期的实际采购费用为基数，考虑不同影响因素或按一定比例确定各项采购费用水平的预算方法。

3. 采购预算草案的编制流程

采购预算草案的编制流程如表 2.1-2 所示。

表 2.1-2　采购预算草案的编制流程

流程	内容
审查企业以及部门的战略目标	审查本部门目标和企业目标是否一致，确保相互协调
制订明确的工作计划	了解本部门业务活动，明确特性和范围，制订详细的工作计划表，确定采购部门开展活动的产出
确定所需资源	采购部门主管根据制订的详细的工作计划表，准确计算完成工作计划所需的支出，确定所需的人力、财力和物力资源
提出准确的预算数字	借助数学工具和统计资料，对目标与历史数据进行逐项分析预测，确保预算数字的准确性
汇总并编制预算草案	汇总各部门预算草案，进行审核、归集和调整，形成总的采购预算草案
修改并提交草案	将制订的预算草案与最近时期相应的实际支出进行比较，并对需要修改的部分进行修改

企业应根据表 2.1-2 列出的流程，分解采购预算草案编制工作并汇总结果。

2.1.5　如何组织采购预算草案答辩

采购预算草案编制完毕后，应提交到预算管理委员会。预算管理委员会应对采购预算草案进行认证审核，对其中违背企业战略目标的内容及时要求取消。对存有疑问的部分，如各项数据的来源等，可以组织采购预算草案的答辩说明。

1. 采购预算草案答辩的内容

（1）总体说明。总体说明包括本年度采购预算的总体目标、将要解决的问题、与历史数据不同的原因等。

（2）预算陈述。预算陈述由采购部门预算编制责任人进行陈述，内容可包括以下要点。

①采购量和物料安全存量的预测。

②主要原材料市场供求关系预测和价格走势。

③采购方式调整和供应商选择的理由。

④采购预算对价格控制的措施。

⑤采购成本的降低目标。

⑥采购预算指标及其考核办法。

2. 采购预算草案答辩审核的因素

通过答辩，企业预算管理委员会可以进一步明确采购预算的相关影响因素，并以此确定是否审核通过采购预算草案。

需要审核的因素主要包括以下五个方面。

（1）采购环境。其包括宏观经济走势、国家法规政策、相关技术动态、市场变化情况和竞争者的动向等内容。

（2）标准成本。由于价格具有不确定性，在编制采购预算草案时，通常会将标准成本作为物料价格进行测算。而标准成本与实际进价的差额，会影响到采购预算草案的准确性。

（3）运行状况。企业实际生产经营效率或产品损耗率的高低，会对采购预算草案执行的效果产生影响。

（4）价格走势。通过答辩与评审，企业应能对计划期的价格走势进行准确预估，以减少相关变化造成的采购预算偏差。

（5）考评机制。采购预算草案答辩审核需考虑企业的绩效考评机制是否会对采购预算草案的执行产生影响。

通过答辩，可以进一步明辨影响采购预算的因素，有助于预算管理委员会在审核采购预算草案时，具备更宏观的视角，提出更客观的修改标准。

2.2 生产预算的编制

生产预算是对预算期生产进行规划而编制的业务预算。生产预算在销售预算的基础上编制，是编制采购预算和成本预算的依据。

2.2.1 生产目标的下达

年度生产目标应在企业战略规划确定后，对相关战略主题及措施进行客观评价而加以确定，以此使下达的生产目标合理有效。

1. 明确企业生产目标的来源

（1）发展战略规划。每个企业都有自身的战略愿景，也有清晰的战略目标。企业年度生产目标的第一来源是企业发展战略。

（2）经营期望。战略目标相对宏观而不够具体，因此，企业只有对预算期经营环境有清醒、系统而全面的认知，才能提出符合实际的预算期生产目标。这一目标可能会比战略规划分解的目标低，也可能会比战略规划分解的目标高。

（3）生产目标的修正。企业的发展战略在实施过程中，可能会出现战略方向调整或资源投入增减的情况。因此，在生成和下达生产目标之前，应适当进行调整。

2. 考虑生产目标的影响因素

在下达生产目标之前，应考虑生产目标的影响因素，主要包括以下几点。

（1）企业发展阶段。企业的发展阶段可以划分为初创期、成长期、成熟期和衰退期。一般情况下，处于初创期和成长期的企业规模较小，可成长空间较大，在确定年度生产目标增长幅度时，应适当考虑设定稍小的增长幅度。

（2）行业发展空间。企业归属不同行业，其所处发展阶段不同。处于产业增长阶段的企业，其下达的年度生产目标应更高；处于产业衰退阶段的企业，其下达的年度生产目标应略低。

（3）企业自身资源。企业自身拥有资源的多寡，可作为企业确定年度经营目标高低的重要参考因素。

3. 生产目标下达准备

在确定并下达年度生产目标前，企业管理者还应思考并做好以下准备工作。

（1）流程优化规划。生产流程是实现生产目标的第一大基础。由于企业每年的生产经营重点可能有所不同，其生产目标实现的路径便会存在差异。因此，企业必须围绕战略规划，对当年生产目标实现的关键流程予以识别并进行系统优化。

（2）组织优化规划。企业运营包括战略、流程和组织三大内容。具体到生产目标的下达中，组织承接目标分解，同时也推动目标实现和流程落地。当生产目标和流程确定后，企业应对有关的组织体系进行适时调整和优化。

（3）员工激励规划。很多企业在下达生产目标时，往往会忽略员工激励问题，这将直接影响生产目标的实现。管理者必须考虑生产目标的实现是否能体现在员工个人利益上，并以此为出发点进行激励规划。

2.2.2　生产目标的分解

下达生产目标，离不开科学合理地分解设定目标。这是实现生产目标并做好预算管理的关键。

1. 生产目标分解的原则

和其他任何工作的目标管理一样，生产目标的分解与设定应遵循几个原则，具体如下。

（1）科学原则。任何生产目标最终都要由人来完成，不同的人对目标有不同的承受能力，因此，目标高低应该与人的能力强弱相适应。生产目标分解必须与部门、员工的客观实际相适应，做到科学合理。

（2）公平原则。虽然部门和个人的能力有所区别，能承担的目标压力也有所不同，但相同岗位的人应完成相近的目标任务，所以在分解目标时应遵循"同岗、同责、同目标"的公平原则。

（3）激励原则。没有压力就没有动力。生产目标的分解，应赋予员工发挥潜力的空间，使每个岗位的员工都能以完成分解的生产目标为动力，充分发挥主观能动性，通过努力工作完成任务目标，提高个人和集体的成就感。

（4）绩效原则。绩效是指完成一个生产任务目标投入的人力、财力和物力等总成本与所产生效益的比率。就细化到每个员工的岗位生产目标而言，绩效原则指完成任务目标所产生的效益，必须大于对其岗位投入的成本。

（5）量化原则。实现生产目标计划管理的主要目的，是根据目标完成全面预算管理，并以此为标准确定员工、部门对企业的贡献。在分解生产目标时，为便于考核和设定，应尽可能量化，使得生产目标的分解达到变量最小。

2. 生产目标的分解程序

生产目标化是系统化工程，总目标和分解目标应形成有机整体。因此，生产目标的分解必须做到统一行动、整体推进，不同层级目标围绕总体生产目标逐级分解设定，形成完整的目标体系。

具体的目标分解程序如下。

（1）明确总体生产目标规划。

（2）宣传实现生产目标的利益，包括对企业、部门和员工个人的利益。

（3）明确各个分目标承担者的责任、职能和权力。

（4）进行能力分析和环境分析，明确完成分目标的有利条件和不利因素。

（5）研究制订对应的措施和政策，确保生产分目标顺利推进。

（6）编制部门生产计划和制订岗位生产目标。

（7）部门和岗位衔接，确保每个责任人能明白应完成的生产目标。此时，可根据个人和岗位情况，提出修改意见和落实措施，制订具体的落实计划。

（8）修订分目标。

（9）确定不同岗位的责任和权力，明确配合与协同机制。

3. 生产目标的量化

生产目标的量化，对达成目标有非常重要的意义。设定和传递符合企业实际情况的目标，关键应将分解后的目标具体并数量化。即使是无法完全量化的分目标，也要设法使之更为明确。

生产目标的量化步骤包括四点，如图 2.2-1 所示。

（1）整理核心生产工作内容。该步骤首先是分析员工的生产职责，了解其职责内的核心工作内容；其次是分析为了实现该生产工作要求应完成何种工作；最后是明确该工作业绩应达到何种程度。

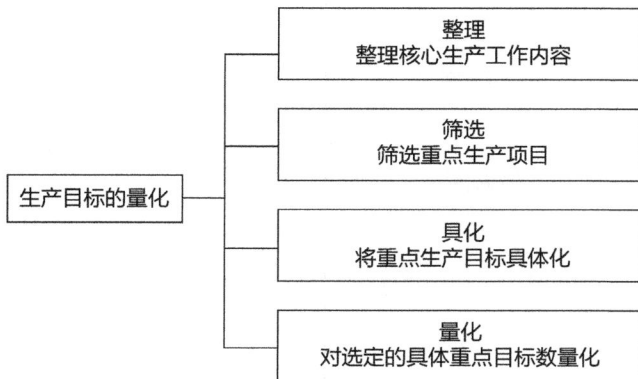

图2.2-1　生产目标的量化步骤

（2）筛选重点生产项目。针对每个层级的员工，分析其与上层级生产目标相关联的任务，从中筛选出重要的生产项目。在实际分解量化的过程中，可以通过职位职务说明书内的职责，找到筛选线索。

（3）将重点生产目标具体化。对重点生产目标具体化，即将该目标项目以具体化方式进行评定。例如，利用进度表或百分比，选出最适合该生产目标的数值单位。此外，还应标明在何时达到何种目的，以便于全面预算管理的追踪和考核。

（4）对选定的具体重点目标数量化。选定重点生产目标的具体数值后，将之作为生产分目标达成度的基准衡量单位。这需要分配者对生产工作状态有正确的掌握，并事先熟悉解决生产问题的条件。

此外，在对生产目标量化的过程中，通常使用最优生产值、最低生产值和正常生产值三种参考标准。最优生产值是指在同样条件下，员工或部门尽最大努力所能达到的生产量。最低生产值是假定无任何特殊原因的情况下，员工或部门能接受的最低生产量。正常生产值是指在正常状态下，员工或部门所能完成的标准生产量。

2.2.3　如何编写生产计划

现代企业在产品生产前，必须进行详细的产品设计、编写周密的生产计划。

在产品生产中，必须对生产过程进行控制，保证生产能按计划执行。生产计划和控制贯穿了整个产品生产周期。产品越复杂，生产工序越多，生产计划的作用就越重要。

编写生产计划的步骤如图 2.2-2 所示。

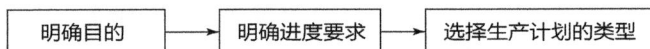

图 2.2-2　编写生产计划的步骤

1. 明确目的

编写生产计划，即将已确定的生产任务按品种、规格、数量具体地分配到各季、各月，并规定各生产部门的具体生产任务。

编写生产计划的目的如下。

（1）合理安排产品出产进度，进一步落实全年生产任务。

（2）为做好生产预算工作提供充足依据。

（3）为企业均衡生产创造条件，提高生产的经济效益。

2. 明确进度要求

编写年度生产计划时，为合理组织生产，取得良好的经济效益，应注意以下要求。

（1）安排产品生产进度应结合销售计划的要求，在计划生产的时间和数量上形成保证，并根据销售计划内容的轻重缓急排列优先顺序。

（2）尽可能确保全年各季、各月均衡生产产品，使设备、人力等生产资源均衡负荷。

（3）与生产技术准备工作的时间相衔接。

3. 选择生产计划的类型

产品生产计划的编写安排，取决于生产类型、产量大小和产品生产技术特点。根据生产计划编写方法、安排重点、所考虑具体因素的不同，生产计划主要可分为以下三种基本类型。

（1）单件小批量生产。这种生产计划类型的特点是根据不同客户的要求生产。其产品品种多、规格多、单个小批量多、生产技术准备工作量大。在编制该类生产计划时，销售计划可能无法全部具体落实。

单件小批量生产的产品计划进度，在编写时应注意以下要点。

①全年产品生产计划的安排只能比较概略。首先应考虑并确保销售计划中已确定部分的产品出产日期和数量，安排已经明确的生产任务。对尚未明确的生产任务，则按概略计划进行初步分配和安排。

②单件生产的新产品、需要关键设备加工的产品，应尽可能按季度分配，交错安排，提高生产的经济效益。

③小批量生产的产品，应做好归类搭配生产。例如采用集中轮番的生产排期方式，减少在一定期间内生产的品种，简化生产组织工作，提高生产经济效益。

（2）大批量生产。大批量生产的产品品种比较单一，生产稳定。其生产计划主要应关注产品数量在各季度、各月的分配问题。常见分配形式包括平均分配、分期递增、小幅度连续递增等。

（3）多品种批量生产。此种生产计划类型中，产品品种比大批量生产多，出产进度并不单纯按季度或按月进行分配。在生产计划的制订过程中，要考虑到不同品种的生产搭配，选择和确定最合理的品种搭配方案。其安排和实施要点如下。

①优先安排重点产品。该类产品通常是经常生产、产量较大的。其生产计划可采取"细水长流"方式，在全年各月或大多数时间内都安排出产该类产品，这有利于生产经营的稳定。

②安排新、老产品生产进度时，应有一定的交替时间。交替时间内，新产品产量逐渐扩大，老产品产量逐渐缩小。方案应尽量确保人力、财力、物力得到充分利用，做好生产能力的核算平衡工作，确保各种产品能按期投入生产。这将有利于掌握新产品的生产进度情况，并避免新、老产品交替而导致生产波动。

③将需要使用关键设备和关键员工加工的产品，进行适当分散交替生产，提高生产经济效益。

④以年度预算为例，对计划年度内第四季度的生产能力和时间，应留有余地，以便能够完成生产计划和为准备下年度的生产工作创造有利条件。

⑤分季度、分月安排产品进度时，应考虑物料、半成品和外协企业工作进度。

2.2.4 如何编制生产预算草案

生产预算是为规划一定预算期内生产量水平而编制的日常业务预算。该预算草案是全面预算管理中唯一只使用实物量进行计量的预算草案。

生产预算草案在销售预算基础上编制而成，其主要内容包括销售量、期初和期末存货、生产量等。由于存在不确定性，企业的生产和销售情况，在时间和数量上不可能完全一致。其相互关系可用以下计算公式表示。

预计生产量 = 预计销售量 + 预计期末存货量 − 预计期初存货量

某企业生产预算草案表如表 2.2-1 所示。

表 2.2-1 某企业生产预算草案表

产品	项目	第一季度	第二季度	第三季度	第四季度	全年合计
A 产品	预计销售量	700	800	900	1 000	3 400
	加：预计期末存货	160	180	200	230	230
	减：预计期初存货	110	160	180	200	110
	预计生产量	750	820	920	1 030	3 520
B 产品	预计销售量	1 200	1 300	1 400	1 500	5 400
	加：预计期末存货	260	280	300	320	320
	减：预计期初存货	250	260	280	300	250
	预计生产量	1 210	1 320	1 420	1 520	5 470

企业生产预算草案主要内容如下。

1. 基础资料

编制生产预算草案需要以下基础资料。

（1）销售预算资料。企业的日常生产经营活动必须遵循"以产定销"原则，因此编制生产预算必须基于销售预算。

（2）企业生产能力测算资料。企业的销售预算和生产预算不能超过企业的生产能力。生产能力主要包括设备产能和劳动总工时两个方面。测算设备产能应按照各个设备组，先分别计算生产能力，再进行综合平衡。

生产预算的编制应以销售预算为基础，以生产能力为上限。同时，还应考虑到存货数量受仓储容量的限制，只能在仓储容量范围内安排存货数量和各期生产量。

进行预算时，不仅应考虑到企业销售能力和计划，还应考虑预算期初和期末存货的数量，尽可能降低产品的单位成本预算，避免存货过多造成资金积压和浪费，或者形成缺货成本。

2. 预算底表

企业在实际生产预算工作中，需编制预算底表，将其作为生产预算的依据。生产预算编制底表如表2.2-2所示。

编制生产预算之前，应先填列、预算底表，以帮助预算管理人员充分考虑生产预算的影响因素，从而编制更为全面、精确的生产预算。

表2.2-2　生产预算编制底表

编制单位：　　　　　　　　　年度：　　　　　　　　　单位：件

测算方法	行次	因素/指标	分析	预计量
以销定产				
		预算销售量		
		期末库存量		
		生产量		
上年实际				
		生产量		
		生产能力		
		设备		
		材料供应		

续表

测算方法	行次	因素/指标	分析	预计量
		劳动力		
		产品质量		
预算年度				
		生产量		
		生产能力		
		设备		
		材料供应		
		劳动力		
		产品质量		

3. 生产预算内容

生产预算，涉及生产量预算、产值预算和生产成本预算三个方面，其中生产成本预算，又分为直接材料、直接人工和制造费用预算三个部分。

（1）生产量预算。生产量预算是整个生产预算的编制基础，其主要内容是生产项目和数量，反映企业对预算期内的产品产量安排。

（2）产值预算。产值预算是企业生产预算的重点，其主要内容是预算一定时期内生产的工业最终产品和提供工业性劳务活动的总价值量，反映企业对预算期内的价值量安排。

（3）直接材料预算。直接材料预算能反映预算期内产品生产所需各种材料消耗数量及其成本的预算，其主要依据产品生产量预算、材料消耗定额和材料价格编制。直接材料的范围，包括直接用于生产活动、形成产品实体的各种原料、主要材料和半成品，也包括用于产品生产的包装材料、燃料或动力，以及帮助产品形成的辅助材料。

（4）直接人工预算。直接人工预算内容是反映预算期内为完成生产预算所需的直接人工支出的预算，其主要依据产品生产量预算、定额工时、小时工资率和其他直接费用计提标准等资料进行编制。直接人工预算的范围，既包括直接从事产品生产人员的工资、奖金、津贴等，也包括按直接人工工资和一定比例提取的职工福利费用。

（5）制造费用预算。制造费用反映的是预算期内，企业为生产产品和提供劳务而发生的各项间接费用，包括企业生产部门（如生产车间）发生的水电费、固定资产折旧、无形资产摊销、管理人员的职工薪酬、劳动保护费、国家规定的有关环保费用、季节性和修理期间的停工损失等。制造费用预算反映的是这些费用的预算。

2.3　销售预算的编制

销售预算是在销售预测基础上，根据企业年度目标利润，确定预计销售量、销售单价和销售收入等参数而编制的业务预算。

销售预算主要用于规划预算期内销售活动，确定每期的销售收入和现金流量。企业其他预算的编制，都必须以销售预算为基础，因此，销售预算是编制全面预算的起点。

2.3.1　销售目标的下达

在销售预算管理过程中，销售目标的制订和下达非常重要。销售目标是对企业在一定预算期内，在销售领域应完成任务的表述。销售目标应清晰明了，采用书面形式。销售目标应可以衡量，并规定时间范围，与企业战略目标协调一致。

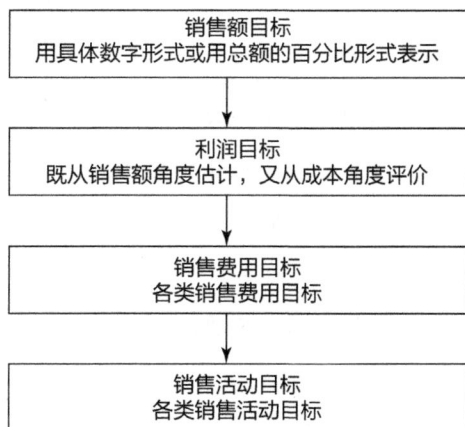

图 2.3-1　销售目标包含的具体内容

销售目标包含的具体内容如图 2.3-1 所示。

1. 销售目标的具体内容

（1）销售额目标。销售额目标包括企业各部门面向各区域的销售总额、销售产品总数、销售收入和市场份额等目标。其中，销售收入目标可以采用具体数字形式表示，也可以用总额的百分比形式表示。如果销售收入目标使用了总额的百分比形式，那么应在资金预算和评价财务影响时，将之转化为数字形式。

（2）利润目标。利润是企业运营的关键成果。在制订利润目标时，管理者既应从销售额角度估计实现企业目标所需的资源，又要从成本角度对目标进行评价。在推出新产品之前，应分析产品的盈利能力。对现有产品，应进行销售和成本分析，将销售预测和成本估算相结合，准确预测将来的利润水平，为制订合理利润目标打下基础。

（3）销售费用目标。其主要包括运输费用、差旅费用、宣传费用、招待费用、通信费用及各种损失等的目标。

（4）销售活动目标。其主要包括访问新客户、管理推广活动、访问客户总数、洽谈等活动目标。

销售目标也可依据地区、人员和时间段的不同，分为不同的子目标。在设定具体目标内容时，应结合企业销售策略，积极调整产品结构，确定销售额，使目标具有可实现性、挑战性和激励性。

2. 销售目标的制订方法

销售目标是在销售预测基础上，根据本企业的行业特点、竞争对手状况、企业现状和长期战略等因素制订的。销售目标的制订方法，应尽量科学。其主要方法包括以下几种。

（1）销售成长率确定法。销售成长率即计划年度的销售额与上年度销售额的比率。其计算公式如下：

$$销售成长率 = 计划年度的销售额 \div 上年度销售额 \times 100\%$$

通常，企业为求出较为准确的销售成长率，应从过去几年的销售成长率着手，利用趋势分析，推定下年度销售成长率，求出平均销售成长率。某些情况下，还应以"经济增长率"或"业界成长率"代替销售成长率。采用该比率，可运用下列公式计算销售收入目标值。

$$下年度销售收入目标值 = 今年实际销售收入 \times 销售成长率$$

（2）市场占有率确定法。市场占有率是企业销售收入占业界总销售收入（即需求量）的比率，其计算公式如下：

$$市场占有率 = 本企业产品销售收入 \div 本行业同类产品总销售收入 \times 100\%$$

采用这种方法，首先应通过需求预测，求出整个行业同类产品的总销售收入。因此，销售收入目标值的计算方法如下：

$$下年度销售收入目标值 = 下年度整个行业总销售收入 \times 市场占有率$$

（3）市场扩大率确定法。市场扩大率确定法即根据企业希望扩大的市场占有率程度，决定销售收入目标值的方法。市场扩大率计算公式如下：

$$市场扩大率 = 今年市场占有率 \div 去年市场占有率 \times 100\%$$

$$实质成长率 = 本企业成长率 \div 业界成长率 \times 100\%$$

市场扩大率是企业今年与去年市场占有率之比。实质成长率是企业成长率与业界成长率之比。

由于市场扩大率指标不易搜集计算，企业可以通过实质成长率来推算市场扩大率。当企业成长率大于业界成长率，即实质成长率大于100%时，才能视为企业有实质性成长。

在确定下年度市场扩大率目标值并预测业界成长率之后，可利用下列公式计算出销售收入目标值。

$$下年度销售收入目标值 = 本年度实际销售收入 \times 业界成长率预测值 \times 市场扩大率$$

（4）盈亏平衡点确定法。当销售收入等于销售成本时，达到盈亏平衡。当盈亏平衡时，对应的销售收入相关指标计算公式如下：

$$利润 = 销售收入 - 变动成本 - 固定成本$$

$$销售收入 = 变动成本 + 固定成本 + 利润$$

变动成本总额随销售收入的增减变化而变动，可通过变动成本率，计算每单位销售收入中的变动成本。其计算公式如下：

$$变动成本率 = 变动成本 \div 销售收入 \times 100\%$$

$$固定成本 = 销售收入 - 变动成本率 \times 销售收入$$

在盈亏平衡点上的销售收入，其计算公式如下：

$$盈亏平衡点上的销售收入 = 固定成本 \div (1 - 变动成本率)$$

（5）经费推算确定法。企业经营的各类型活动中，人事费用、折旧费用等营业费用的产生不可避免。这些费用与利润、销售成本等，均源自销售毛利润，其关系非常密切。因此，销售收入目标值也可由经费推算得出，其具体方法如下。

①计算并确定企业所需毛利润。

②决定产品和部门对毛利润的各自贡献程度。

③分配产品和部门的毛利润目标。

④通过产品和部门预定的毛利润率，计算得出销售收入的目标值。

⑤将各类产品和部门的销售收入目标累加，即得出整个企业的销售收入目标值。

（6）消费者购买力确定法。该类方法通常适合零售企业使用，即根据估计的企业营业范围内的消费者总购买力，预测销售收入目标值。

使用该方法时，应首先设定营业范围，并调查范围内的具体人口数、经济能力、历史消费支出额度等，同时也应调查消费人口范围内的其他零售企业及其平均销售能力。

（7）人均销售收入计算法。该方法即以销售效率为基数计算销售收入目标值的方法。其中最具有代表性的是计算每人的平均销售收入，并乘以总销售员工人数，所得的数字即下一年度销售收入目标值。

（8）销售人员申报法。企业可以逐级累计销售员工的申报，借以计算企业销售收入目标值。由于一线销售员工最了解销售情况，所以通过其估计而申报的销售收入，往往最有可能实现。

采用本方法时，应注意尽量避免过分保守或夸大，导致销售收入目标值的预测和实际产生较大差异。

2.3.2　销售目标的分解

企业在设定销售目标后，应对目标进行科学合理的分解。分解销售目标能确保销售工作的进程，也可以高效保障销售工作的效率和效果，从而让销售预算管理工作产生最大的价值。在清楚和明确销售分解目标后，预算管理工作就会朝向具体目标方向努力，否则，预算管理工作价值将无法得到具体有效的量化、考核和界定。

1. 销售目标分解原则

（1）销售目标分解应符合市场需求特点，符合消费的节奏、习惯和规律。不同的行业、企业和产品，面对不同的消费淡、旺季热点和消费需求节奏。在分解销售目标时，应遵循需求市场的需求行为习惯、节奏和规律。

（2）销售目标分解应符合产品的生产和企业的发展特点。产品和企业有其自身生产和发展特点，销售目标的分解必须符合这些特点，否则就无法保障产品的良性生产和企业的良性发展。例如，分解销售目标必须注重保证有最基本的、符合企业经营要求的现金回流数量，这也是销售预算管理的最基本要求。

（3）销售目标分解应与战略计划和营销方案一致。企业战略计划和营销方案，更多考虑和兼顾全局因素。在分解销售目标时，应与之保持高度一致，并在预算方案的基础上，对销售目标进行分解和细化，避免出现错误。

（4）销售目标分解应与销售执行团队或人员能力要求匹配。企业应根据销售执行团队人员实际能力，进行销售目标分解。否则，既无法完成销售任务，又会造成销售预算管理问题，导致资源限制或浪费。

（5）销售目标应符合基本行业发展要求。消费市场是整个行业面向消费者进行竞争的市场。销售目标分解不仅应符合基本的市场供需平衡、竞争发展要求，也应体现人力资源价值的平衡性。否则就会导致企业无法进行高效团队管理以及开展有序内部竞争。

（6）销售目标分解应遵循适度超前的原则。在分解销售目标时，应遵循适度超前的原则，防止和避免销售工作的拖延。

（7）销售目标分解应遵循分量之和适度大于计划销售目标总量的原则。为了有效防止无效销售结果的负面影响，在分解销售目标时，应确保分解后的销售目标之和适度大于计划销售目标总量。

2. 销售目标的分解层次

每年年度开始前，企业最高管理者应依据上年度经营业绩、逐年成长率、竞争对手动向、市场预测等，配合企业战略方针和经营政策，设定年度总销售目标。各预算责任单位应根据企业总目标，分别拟定本部门应达成的目标。

销售目标的分解层次，是对销售目标进行的具体分解，如图2.3-2所示。

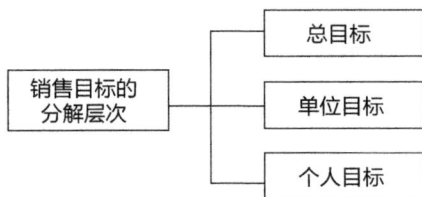

图2.3-2　销售目标的分解层次

（1）总目标，是企业经营的整体目标，可分为长期性计划销售目标与短期性计划销售目标。

（2）单位目标，是各部门、区域依据销售总目标，设定本单位承接上级目标应完成的任务。

（3）个人目标，是个人的销售工作目标。

各部门或个人应承接上级目标，依据本部门、本岗位情况，分别制订自身销售目标，形成执行工作日程。

3. 销售目标的分解方法

（1）根据月份分解，即将销售目标根据每年12个月进行分解。这种平均分解的方式最为简单，如果能结合销售人员所在地区、产品销售的季节特性等因素，则会产生更好的效果。

（2）根据市场或地域分解，即将销售目标依据市场或地域规划进行分解。这种方法如果能结合销售人员负责市场大小或客户购买能力等因素，则效果会更好。

（3）根据产品分解，即将销售目标分解到不同产品或一系列产品的各个型号。

（4）根据客户分解，即根据客户购买的规律特点，将销售目标分解落实到每个客户。

（5）根据销售人员分解，即将销售目标分解到每个销售人员的具体任务目标中。

在实际分解销售目标过程中，销售部门最好组合运用上述分解方法，将销售目标数字化、具体化，以对销售预算管理工作起到更好的指导作用。

2.3.3 如何编写销售计划

销售计划是企业各项工作的基础，具有挑战性且切实可行的销售计划，能积极推动企业战略目标的实现。

销售计划应涵盖企业制订销售计划并加以执行和监督的全过程，即企业管理者根据历史销售记录、已有的销售合同，综合参考企业发展情况和现实市场因素，针对销售部门与人员，制订的销售指标、数量或金额。企业应以销售计划为龙头，对生产、采购和财务计划加以指导。

编写销售计划的流程中应包括以下环节。

1. 销售预测

销售预测是编写销售计划的基础和关键。销售预测是借助企业销售的历史资料、市场需求的变化情况，运用一定的科学预测方法，对产品在未来时期内的销售趋势进行的预测和评价。

（1）确定预测目标和计划。预测目标应详细具体，便于操作时的具体实施。预测计划一般包括承担预测任务的部门、人员，预测对象、范围、内容，预测准备工作，预测资料来源和收集方法，预测方法，预测结果要求，预测工作的时间进度要求等。

（2）收集和整理预测资料。应注意从企业内部及外部收集整理现有各种资料，尤其注重一手资料的收集。一手资料能充分反映市场变化的实际情况，可以通过询问、观察、实验方式收集。对收集到的各类资料，需要进行整理、加工和分析，将零散资料整理成有条理的、系统的、有价值的信息资料。

（3）选择预测方法，初步分析判断。根据企业销售产品和客户市场的不同，采用定性预测或定量预测方法，对调查到的信息和收集到的资料进行综合分析，经过判断和推理，预测市场未来发展变化趋势。

（4）分析预测误差，完成预测报告。销售预测的精度或准确性，通常可能受到周边环境的影响。预测人员应在消除误差后编写预测报告，并送至企业管理部门，作为编写销售计划的参考依据。

2. 制订销售策略

制订销售策略时，应注意以下因素。

（1）销售能力。其包括销售部门、人员的数量和能力，客户的数量和消费能力。

（2）产品选择。其包括强势产品的选择、新产品的推广。

（3）价格策略。其包括如何选定合适的价格体系，是否需要对价格进行严格控制等。

（4）促销策略。其包括下级部门或子、分公司如何配合上级促销策略，制订区域内的促销策略。

（5）竞争策略。其包括如何应对竞争对手的销售手段等。

3. 编写销售计划

销售部门接受分解后的销售目标并明确销售策略后，需要编写具体的销售计划。具体的销售计划，包括以下内容。

（1）进一步分解指标。销售部门和人员在接受销售目标任务后，要依照产品和客户特点，合理进行分解，进一步落实具体产品规格型号、销售任务的具体对应客户。

（2）明确销售增长点。通常情况下，销售任务会在已有销售业绩基础上有所增加。这需要销售部门和人员结合企业战略、预算情况和市场情况，明确销售增长点。

（3）明确主要工作任务和内容事项。为实现销售目标，销售人员应围绕销售增长点，制订个人、小组、部门的本年度工作重点，并在其中列出主要工作事项。列出事项后，应围绕工作重点，采取相应措施，制订具体的工作内容。

（4）制订短期销售目标和阶段计划。完成短期销售目标，才可能实现阶段计划。销售计划应将工作事项落实到具体时间，确保销售工作有条不紊地进行，在不同阶段，集中资源完成某个目标。

2.3.4 如何编制销售预算草案

销售预算，是指一定预算期内，因组织销售活动而引起的预计销售收入的预算。通过销售预算，能明确预算期内企业产品的销售量。企业产品的生产数量、材料、人工及设备、经营资产的需要量、销售费用、管理费用等的支出，都受到预算期产品销售数量的制约。如果销售预算编制不当，就会导致全面预算意义缺失，并造成企业资源的浪费。

编制销售预算草案，应从以下步骤着手。

1. 确定编制销售预算草案的参与者

销售预算草案的编制，是全局性和控制性的活动，对企业经营具有重要意义。因此，编制销售预算草案的参与者，应包括高层管理人员、市场分析预测人员、财务人员等重点人员，而直接责任人是销售主管。编制销售预算草案的参与者如图2.3-3所示。

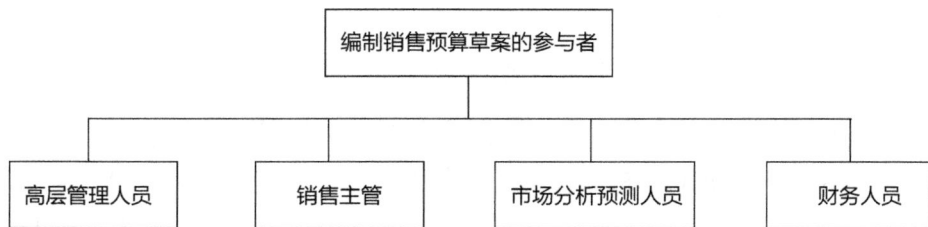

图2.3-3 编制销售预算草案的参与者

在这些参与者中，市场分析预测人员应提供销售计划和控制决策中用到的分析性历史数据，给销售主管带去充分帮助。如销售计划为销售主管完成，则财务部门人员应对销售预算进行深入分析和评价，以帮助销售主管注意到计划和预算之间的矛盾问题，并及时进行修改。

销售主管在销售预算草案的形成中扮演着重要角色，其应该熟悉销售预测的技术，以便准确、客观地进行预测，并将预测结果作为销售预算草案编制工作的科学基础。

2. 了解影响销售预算草案的因素

（1）可控因素。可控因素主要包括产品或服务的质量和成熟程度、营销投入等。一般而言，成熟产品与新产品、成长性产品相比，其销售量更容易预测，营销投入的影响也更容易计算。此外，还应注意企业的生产能力、知识能力和人力资源，以及企业具体采用的营销战略方式。例如，某企业采用成本领先战略，为了使本企业产品与其他同类产品相比具有独特优势，就需要付出额外费用，而销售预算草案的编制则应在基本情况基础上侧重考虑该部分费用。

（2）不可控因素。企业处于社会大环境中，有必要考虑宏观因素对销售预算的影响。这些宏观因素包括政策法规、经济增长、通货膨胀、社会舆论、消费者习惯等。此外，企业也应将流行趋势、爱好变化、人口流动等因素作为不可控因素予以考虑。

3. 编制销售预算草案需要的材料

（1）销售统计数据。根据近几年的销售统计数据，找到销售变化规律，总结影响销售变化的因素，明确趋势，准确判断出预测期的销售情况，进而编制合理准确的销售预算。

（2）已签订的订单。企业发展到一定程度后，基本会实行订单管理。企业在编制预算草案时，应根据现有订单，判断预算期总体销售情况。

（3）产品市场价格。销售收入不仅受销售数量影响，还受产品价格影响。因此，企业应掌握市场价格资料，确保销售预算草案的编制更为精确。产品市场价格资料来源包括行业协会、研究机构发布的价格信息、企业自身销售部门的价格预测信息等。

（4）销售人员分析报告。销售人员是一线工作者，是销售预算草案的执行者，其掌握着高层管理者无法第一时间掌握的信息。因此，企业应建立销售人员定期提交产品销售分析报告的内部制度，并要求报告内容包括精准的销售数量信息、销售人员的感性认识和理性分析等。在编制销售预算草案前，应高度重视销售人员提交的产品销售分析报告及其参考价值，提高预算精准度。

4. 编制销售预算草案的基本步骤

在获取必需材料后，即可进行企业销售预算草案的编制。销售预算草案编制有以下步骤。

（1）确定企业产品销售目标并加以分配。

（2）采用以下方法初步预测销售量。

①定性分析法，即非数量分析法。这种方法主要依靠市场预测人员的经验、知识和主观分析判断能力，结合调查结果，对实际销售数量进行预测和推断。也可以采用调查分析法，即通过对有代表性的客户的消费意向进行调查，了解市场需求趋势，从而进行销售预测。

②定量分析法，即数量分析法。这种方法主要利用数学方法，对与销售有关的经济信息进行科学的加工处理，建立数学模型，揭示各有关变量之间的规律性联系，得出相应的预测结论。

（3）根据销售预测量计算销售收入预算。销售收入预算为销售预测量与价格的乘积。其中，销售预测量是第（2）步骤预测得到的，价格则是企业通过市场分析并结合长期战略确定的。完成上述步骤后，即可形成销售预算表。

5. 销售预算编制底表

企业在实际销售预算编制工作中，需要有预算编制底表作为依据。填写销售预算编制底表，可以帮助预算人员考虑更为完善的销售预算影响因素，编制更为全面、精确的销售预算。某企业的销售预算编制底表如表2.3-1所示。

表2.3-1　某企业的销售预算编制底表

测算方法	行次	因素或指标	分析	预计指标
目标利润法				
		目标利润额		
		固定成本		
		变动成本		
		销售额		

续表

测算方法	行次	因素或指标	分析	预计指标
		平均单价		
		销售量		
市场预测法				
		市场需求		
		行业发展		
		竞争优势		
		生产和库存		
		营销策略		
		原有产品增长		
		投入新产品		
		扩大区域		
		销售额		
		平均单价		
		销售量		
增量因素法				
		上年实际预计		
		有利因素		
		不利因素		
		销售额		
		平均单价		
		销售量		

2.4　成本预算的编制

成本预算的编制，是指将估算的总成本分配到不同的工作项目中，以建立预算的过程。成本预算的编制过程，能使企业对各个项目的投入成本进行衡量与管理，帮助企业提前发现问题，及时采取措施。

2.4.1　成本目标的下达

成本目标，是成本管理的重要内容，也是成本预算的编制核心。成本目标的基础，包括企业的目标利润、客户所能接受的销售价格。其需要参考企业消耗定额和计划期的成本降低措施加以确定。

在实际生产经营中，成本目标通常以项目为基本核算单元，通过定性或定量的分析计算，在充分考虑经营实际、市场供求情况的前提下，确定出目前的内外环境下合理时期内企业通过努力所能达到的成本目标值。

1. 成本目标的下达原则

成本目标的下达原则，即在成本目标制订过程中对有关业务处理的标准和要求，主要包括以下内容。

（1）可行性原则。成本目标必须是企业在现有基础上经过努力能达到的成本水平。该水平既要高于现有水平，也不能过高而脱离实际。因此，成本目标应符合企业的资源条件和生产技术水平，符合竞争需要。

（2）先进性原则。成本目标应具备激发员工积极性的功能，能充分调动广大员工的工作热情，确保员工在目标指导下努力贡献。

（3）适时性原则。项目的成本目标，通常是在全面分析主、客观条件基础上制订和下达的。由于企业经营现实中有大量不确定因素，项目推进过程中的内外环境也会不断变化，这要求企业能根据条件变化，及时对成本目标进行调整和修订，以适应实际情况需要。

（4）科学性原则。成本目标的确定，不能主观臆断，而要收集和整理大量资料，形成可靠依据，并通过科学的方法计算。

（5）可衡量原则。成本目标要能利用数量或质量指标来表示。对于某些难以用数量表示的指标，可以尽量用间接方法使之数量化，以便为检查和评价提供精确标准。

（6）统一原则。在同一时期内，企业对不同项目成本目标的制订和下达，必须采用统一标准。同时，成本目标还应和企业总的经营目标相互协调一致，避免成本目标之间的相互矛盾和脱节。

2. 成本目标的编制方法

（1）定性分析法。定性分析法即用目标利润百分比表示成本控制标准的方法。在此方法中，目标利润率的确定主要来自对历史资料的分析和主观判断分析。尤其对于利润较为固定的项目而言，可以由此推算出目标利润与成本指标。

（2）定量分析法。定量分析法即在产品或项目价格基础上，充分考虑企业外部环境对项目成本要素的影响，对不同工序中人员、材料、机械损耗的数量进行考察、分析、计算，进而得出项目成本目标的方法。定量分析得出的成本目标，能够为管理者提供更加具体的指标，使之具有实用价值，便于管理者抓住成本管理的关键环节，并为进一步分解、细化提供依据。

（3）价格倒推法。企业也可以先制订目标利润，然后从产品销售收入中减去目标利润，从而确定应努力实现的目标成本。

价格倒推法需要经过以下五个具体步骤。

①开发出能满足潜在客户需要的产品。价格倒推法是建立在了解客户需求以制订价格的基础上的。如果生产出的产品无法得到客户的认可，就难以确定产品的目标价格。因此，企业必须先确定产品是否能满足客户需求。

②确定目标价格。企业应先对竞争对手的产品和技术进行价格分析。例如，通过对竞争对手产品的原材料、零部件进行拆解、分析和比较，了解自身产品的特色，再根据产品特色为之定价，确定目标价格。

③将目标价格减去单位目标利润，获得单位目标成本。单位目标成本往往低于实际的单位成本，以此作为企业应努力实现的目标。

④分析成本，将目标成本与实际成本进行比较，得出成本差异。随后进一步分析企业可以通过哪些方面降低成本，包括了解产品不同零部件的功能、成本，比较客户的重视程度，从而确定降低成本的方法。

⑤执行价值工程，实现目标成本。企业推行价值工程，对产品价值链的各个环节进行系统评估，采取产品设计改进、材料规格的改变或生产流程的修正等方法满足客户需求，针对性降低成本。在此过程中，需要和客户保持沟通，

避免成本目标确定的盲目性。

无论采用何种方法，成本目标都是企业成本管理中一定时期内的奋斗目标，与之前达到的实际成本相比较低，同时又能经过努力达成。在确定成本目标时，企业可以选择行业内某一先进成本作为目标成本，它可以是国内、外同类产品的先进成本，也可以是本企业历史上最好的成本水平，还可以是按平均先进水平制订的定额成本或标准成本。此外，企业也可以根据历史成本，采取新的成本降低措施，进行综合测算确定。

3. 成本目标的下达步骤

成本目标的下达，包括以下步骤。

（1）成本策划。根据产品或项目的实际情况，对之进行准确定位，明确企业与具体负责该产品或项目的部门的"人、财、物"和"责、权、利"关系，明确成本目标的对应责任。

（2）测算、下达并分解成本目标。根据企业与部门的实际情况，共同核准产品价格和数量，预测成本目标；再根据产品或项目的定位，结合企业组织模式，下达并分解成本目标。

（3）过程核算。围绕企业产品生产或项目推动的动态管理活动，以过程核算、指导并服务成本预算的执行过程。

（4）成本核查。将内、外结算和审计结果作为依据，综合评价产品或项目的成本管控工作，并得出对应结论。依据最终结论，对相关部门和负责人给予奖惩。

2.4.2　成本目标的分解

成本目标的分解和对应管理，能更好地将成本目标与企业预算管理相结合。

1. 成本目标的分解

成本目标通常可以分解为直接成本目标和间接成本目标。

（1）直接成本目标。直接成本目标主要反映产品成本的目标价值。部门和企业应对原材料、人员、机械费用、运输费用等主要支出项目进行分解，并设定具体目标。以材料费用为例,企业应说明主要材料加工制品的目标用量、价格、材料采购发生的成本差异的处理等,便于在实际加工中进行控制与考核。

(2)间接成本目标。间接成本目标主要反映生产现场管理费用的目标支出数量。间接成本目标应根据产品或项目的核算期,以总收入的管理费用为基准,制订不同部门、岗位的成本目标,经汇总后,作为产品或项目的目标管理费用。在制订和分解成本目标的过程中,不同部门费用的核算口径应该一致。

2. 成本目标分解表格

企业确定成本目标后,应通过各种成本目标表格形式,将成本降低的任务落实到不同项目或产品的生产服务全过程中,以实现对成本的控制。

成本目标分解表格通常以直接成本目标总表的形式体现。间接成本目标可以用目标管理费用表体现。

(1)直接成本目标总表。该表将生产项目的成本目标分解为不同组成部分,并在表中加入实际发生成本栏。该表还应在实际发生成本和成本目标出现较大差异时,对其原因进行解释,达到实际管控生产成本的目的。

直接成本目标总表的模板如表2.4-1所示。

表2.4-1 直接成本目标总表

产品名称: 项目经理: 日期: 部门:

项目	成本目标	实际发生成本	差异	差异说明
1. 直接费用				
人工费				
材料费				
机械使用费				
其他直接费				
2. 间接费用				
管理费用				
合计				

通过表2.4-1，能计算出直接成本目标。

（2）目标管理费用表。目标管理费用表如表2.4-2所示。

表2.4-2 目标管理费用表

项目名称： 项目负责人： 日期： 部门：

项目	目标成本	实际发生成本	差异	差异说明
员工工资				
办公费				
差旅交通费				
固定资产使用费				
工具使用与损耗				
原材料费用				
培训经费				
财务费用				
营销费用				
税金				
其他				

通过表2.4-2，能计算出间接成本目标。

3. 落实成本目标

成本目标需要经过分解，落实到各基层部门、岗位和个人。以生产制造企业为例，其成本目标可以分解为整体成本目标、职能部门或车间的成本目标、班组或个人的成本目标，如图2.4-1所示。

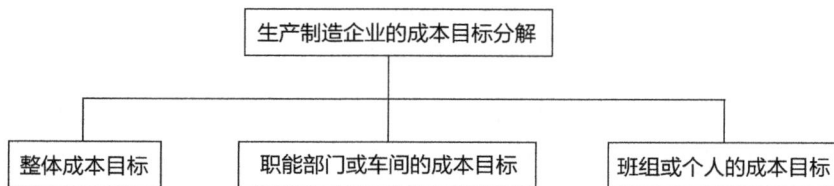

图2.4-1 生产制造企业的成本目标分解

企业对不同层次的成本目标，应实行相应的对口管理。

（1）整体成本目标，包括总产值、产品产量完成计划的比重、合同执行率、原材料储备金额、主要产品等级品率、劳动生产率、主要生产设备完好率、利润额、可比产品成本降低率等。

（2）职能部门或车间的成本目标，包括产品成本及成本降低率、费用支出、原材料消耗、车间劳动生产率、工时利用率及出勤率、工资与奖金总额、材料使用计划、原材料及辅助材料消耗等。这些目标是在对企业的整体成本目标进行分解后，根据职能部门或车间所承担的任务量，进行逐步分解得来的。

（3）班组或个人的成本目标，包括产量目标、质量目标、工时目标和对应原材料消耗目标等。这些目标是在对职能部门或车间的成本目标进行分解后，进一步落实到班组或个人的成本目标。

通过对成本目标的层层分解，企业各职能部门、车间、班组或个人，能明确其所负担的具体成本目标。在成本形成的各个环节，要将分目标和个人目标与总目标积极比较，确保其被控制在总目标需要的范围内，以保证整体成本目标的实现。

4. 分解成本目标管理责任

（1）企业应按成本目标管理的层次，建立自上而下的成本目标管理体系，明确成本目标管理责任。例如，总经理应对企业的全面成本目标完成负责；主管财务的副总经理应对总成本目标完成负责，并提出成本目标方案和监督检查成本目标的实现情况；主管生产的副总经理应对生产成本、生产批量成本、工艺阶段等专业成本目标的完成负责；主管技术的高管应对涉及工艺、能源消耗、设备使用、维修等专业成本目标的完成负责；主管经营的高管应对涉及销售、采购、运输、库存等专业成本目标的完成负责。

（2）明确责任，对各部门的成本目标管理体系进行分解。企业的财务部门应对企业整体成本目标进行分解，并统一组织、控制和检查各部门、各车间的成本管理工作。

（3）建立基层班组上的成本目标管理组织，负责管理与班组生产直接相关的成本消耗。其中主要责任包括拟定完成班组目标的各项成本消耗定额和费用计划，将班组成本目标分解落实到员工个人，控制、分析班组成本的执行情况等。

2.4.3 如何编写成本计划

成本计划是企业生产经营总预算的一部分。该计划以货币形式对企业在计划期内产品生产耗费和成本水平、管控状态的主要措施加以阐述，属于成本的事前管理事项。

成本计划能有效分析实际成本与计划成本之间的差异，列明有待加强控制和改进的领域，达到评价有关部门的业绩、增产节约并促进企业发展的目的。

1. 成本计划的内容

成本计划的内容如图2.4-2所示。

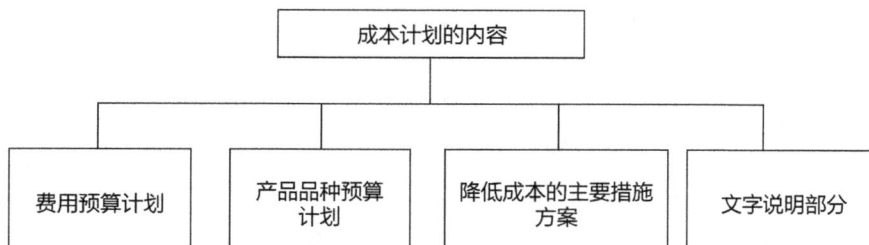

图2.4-2 成本计划的内容

（1）费用预算计划。费用预算计划可以按生产费用要素以及生产费用用途，反映企业生产耗费。其中，按生产费用要素反映，包括材料费用预算、工资费用预算等；按生产费用用途反映，包括制造费用预算、管理费用预算等。

（2）产品品种预算计划。该计划可以反映计划期内各种产品的预计成本水平，一般包括主要产品单位成本计划和全部产品成本计划。

（3）降低成本的主要措施方案。该方案在企业内部不同部门提出相应的技术组织措施基础上，经过集体综合平衡，并加以汇总编制得出。该方案内容应详细说明各项目的可行性、计划额、支出额和资金来源，并对预算期间内计划实现的成本节约额加以预计。

（4）文字说明部分。其内容包括对上年度成本计划完成情况的分析、计划中存在的问题和解决意见、上年度和本年度价格差异，以及其他重大因素变动对成本计划的影响、本年度对成本会计改善工作的规划等。

2. 成本计划的编写流程

成本计划的编写，应结合企业长期规划、经营方针和市场预测结果，对企业生产能力、资金和成本等进行初步预测，并经管理层组织讨论后进行。其流程通常如下。

（1）收集并整理资料。在编写成本计划之前，应广泛收集和整理各项必要的基础资料，并进行认真分析研究。主要基础资料如下。

①计划期企业将采取的经营决策、综合经营计划的相关指标。

②计划期内企业的各种技术经济定额。

③企业内部计划价格、各部门费用预算、劳务价格、生产资料价格。

④上年度的实际成本资料。

⑤上年度计划完成情况和分析资料。

（2）对上年度成本计划的执行情况分析和总结。在编写成本计划前，应认真分析上年度成本计划的完成情况，分析成本升降的原因。总结计划执行的经验，找出成本升降的规律。挖掘企业内部降低成本的潜力，进一步确保成本计划的前瞻性与可行性。

（3）测算计划期内成本降低指标。根据上年度成本计划完成情况的分析和总结，结合本年度成本目标，测算成本降低指标。在测算前，企业应根据各部门提出的成本降低措施，测算产品成本能降低的幅度。

（4）正式编写成本计划。在测算成本降低指标后，企业可以以财务部门为主，结合各个职能部门，根据有关资料编写成本计划，制订保证成本计划实现的措施。

2.4.4 如何编制成本预算草案

成本预算草案是成本计划体现在预算管理过程中的具体形式和渠道，企业管理部门应对其予以充分重视。

1. 成本预算草案编制理念

成本预算草案编制的主要理念包括自上而下和自下而上两种。自上而下，即企业将总预算分配给下一级工作部门，再由部门逐级分配，如此循环，直到给每个人都分配一定预算。自下而上则相反，先由一线基础员工估计出其工作任务所需要的预算分配，然后逐级向上报告汇总，最终得到计划期内某项目总预算。

采用自上而下的方法，可能会出现计划和实际之间的偏差，导致一线员工无法得到足够资源完成工作。采用自下而上的方法，则可能出现大多数一线员工或部门为确保资源，有意超额估计和申报预算的情况。因此，大多数企业在制订成本预算草案时，会综合采用自上而下和自下而上的方法，这样既能确保总预算不超支，也能综合考虑来自一线员工和部门的实际需求。

2. 编制成本预算草案的准备工作

编制成本预算草案，应进行以下准备工作。

（1）工作分解。估算成本的依据，是对工作结构的分解。根据计划期内工作的分解，可以得出完成项目所必需的基本活动，从而估算出成本。成本确定了计划期内项目所有组成部分和成果之间的关系。

（2）活动成本估算。汇总各个部门工作任务中每个活动的成本，从而明确每个部门的成本估算。在此过程中，需明确一定的支持细节，确保成本估算的精确性。

（3）任务进度计划。任务进度计划包括计划期内各个工作任务计划的开始和结束日期、进度里程碑、工作包、计划包和控制账目等。任务进度计划是成本预算草案内按时间分配资金的依据。

（4）资源日程确定。资源日程确定即确定在计划期间的何时以及多长时间内，成本资源是可以使用的。

3. 成本预算草案的设计步骤

成本预算草案的主要设计步骤如下。

（1）确定成本预算总额。将总成本估算进一步精确化，具体分配到各成本要素中，为每个项目建立预算成本，并确定总成本。

（2）确定各项活动预算。将项目预算成本分配到项目或工期阶段，也可按时间分段设置预算内容，将其作为监控和确保计划期整体成本执行的基准。

（3）调整成本预算。该步骤对已编制的预算成本进行调整，使得成本预算保持先进与合理。

4. 成本预算内容

成本预算内容主要体现为以下两个方面。

（1）基准预算。基准预算又称为费用基准，根据时段估算成本进一步精确和细化而成，通常以"S"形的曲线表示，是按照时间分段的成本预算。在企业中，较大的生产经营项目，可能存在多个费用基准、资源基准或消耗品生产基准，其都应通过基准预算内容来度量预算绩效。

（2）成本预算单、成本预算表。在编制成本预算草案时，应填写成本预算单，以完成成本预算。成本预算单上包括劳动资源预算、专用设备和工具预算、原材料预算等。实际使用中，还应考虑更多因素，为避免遗漏，应编制成本预算表，其模板如表2.4-3所示。

表2.4-3 成本预算表

序号	名称	规格	数量	预算费用	原材料	人工费	制造成本	其他费用

5. 成本预算的调整

在实际执行中，可能需要结合项目经营推进情况，对成本预算草案进行调整。其方法主要包括初步调整、综合调整和提案调整等三种调整方法。

（1）初步调整。初步调整可借助工作任务一览表、工作分解结构、生产进度计划、成本估算等预算依据，在进行项目成本预算后，就某些工作任务的偏差以及对成本预算草案中可能不够准确的内容进行调整，并根据实际情况予以修正。

（2）综合调整。由于生产经营的环境总处于变化中，成本预算也会发生相应变化。这需要企业管理者结合对市场竞争形势的观察，对项目草案做出对应的综合调整。

（3）提案调整。在财务和技术人员编制的成本预算草案接近尾声，并认为合理可行时，可以将之写入总预算草案并提交审议。在审议中，需要得到各相关部门和高管团队的肯定，从而确保预算是适当和周密的。

2.5　费用预算的编制

费用预算是反映生产经营成本中除直接材料和直接人工外，一切无法直接计入产品制造成本的间接费用的预算。费用通常划分为变动费用和固定费用，因此，可以分别编制变动费用预算和固定费用预算。

在编制费用预算时，应以计划期的一定业务量为基础，对各个费用项目的具体预算数字进行计算。此外，在费用预算表下还可附预计现金支出表，便于编制现金预算。

2.5.1　费用目标的下达

费用目标的下达，应根据企业利润目标、收入目标要求，结合计划期内成本预算，围绕降低费用目标要求来进行。在费用目标下达后，应和费用预测数字相对比，找出二者间的差距，制订具体措施，调动企业内各方面的积极性，充分挖掘内部潜力，力争费用目标的实现。

费用目标下达的标准主要包括四项内容，如图 2.5-1 所示。

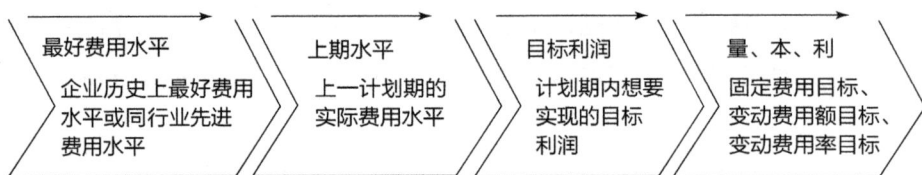

图 2.5-1 费用目标下达的标准

1. 根据最好费用水平确定

企业可以根据企业历史上最好费用水平或同行业先进费用水平确定计划期的费用目标。其计算公式如下：

费用目标 = 目标销售额 × 历史最好或同行业先进费用水平

2. 根据上期水平确定

企业可以以企业上一计划期的实际费用水平和计划期降低费用的要求确定计划期的费用目标。其计算公式如下：

费用目标 = 上期实际费用水平 × (1 – 费用计划降低率)

3. 根据目标利润确定

企业也可以根据计划期内想要实现的目标利润，直接确定计划期的费用目标。其计算公式如下：

费用目标 = 目标销售额 × (计划综合毛利率 – 税金及附加率 – 目标利润率)

4. "量、本、利"分析法

采用"量、本、利"分析法，通常应先根据费用定额管理的要求，对固定费用目标加以确定。再根据目标销售额和目标利润额，对变动费用目标进行确定。其计算公式如下：

变动费用额目标 = 目标销售额 × (毛利率 – 税金及附加率) – 固定费用目标 – 目标利润

变动费用率目标 = 变动费用额目标 ÷ 目标销售额

2.5.2 费用目标的分解

编制费用计划过程中最重要的步骤是费用目标的分解。根据费用控制目标和要求的不同，其分解可以分为按费用构成分解、按项目组成分解和按时间进度分解三种类型。

1. 按费用构成分解

按费用构成分解，即将费用按照用途进行分解。以工程项目费用目标为例，其中包括建筑和安装工程费用、设备购置费、工具器具购置费用及其他费用等。在实际操作中，又经常会将建筑和安装工程费用分解为建筑工程费和安装工程费。

工程项目费用目标的分解如图2.5-2所示。

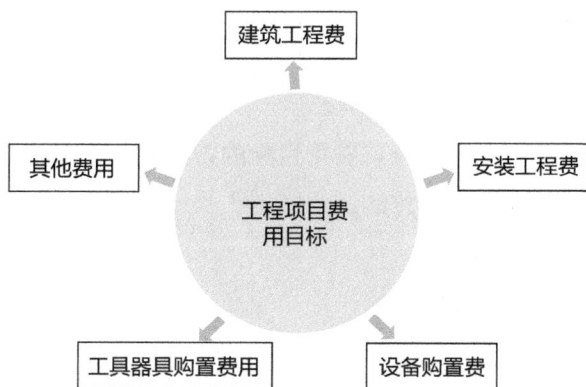

图2.5-2　工程项目费用目标的分解

通过解读图2.5-2，可在费用目标按费用构成分解过程中，对复杂的费用做进一步分解。此外，在按项目分解费用构成时，管理人员也可根据历史经验和数据库，对其中的比例进行确定，也可以结合实际情况的变化，在必要时进行适当调整。

例如，企业有新购置的设备，其费用很可能包括安装费，因此，可以将安装工程费和设备购置费作为整体计算，确定它们在总费用构成中所占比例，再根据具体情况进行细分。

2. 按项目组成分解

企业的生产经营项目较为复杂，通常会由若干不同的单项生产项目构成，每个单项项目又包括多个单位项目等。因此，可以将经营总费用分解到不同的单项项目和单位项目中。

一般而言，费用目标大都是从基层生产项目总结统计而来的，因此，将生产总费用分解到各单项项目和单位项目比较容易。在使用该方法分解项目总费用时，不能仅分解生产、设备、人力资源等费用，还应该分解其他费用。

3. 按时间进度分解

生产经营的总费用是分阶段、分期支出的。实际生产中，资金应用是否合理，也和资金时间安排有密切关系。为准确编写费用计划，并据此有效筹措资金，有必要对费用目标按时间进度进行分解。

编写按时间进度分解的费用计划，应做到充分兼顾平衡，既要合理进行时间控制，也要避免费用支出计划过细。

在实践操作中，以上三种分解费用目标的方法并非完全独立的，而是应结合使用的，以获得扬长避短的效果。

2.5.3 如何编写费用计划

费用计划，即对生产经营项目所需费用总额做出合理预估的情况下，为确定实际执行情况的基准，将目标费用分配到各个工作部门、岗位上，而设置的资金使用计划。

费用计划是企业生产经营过程中进行费用控制的基本依据。费用计划的确定是否合理，将直接关系到费用控制工作能否有效进行，能否达到预期目标。

1. 编写费用计划的步骤

编写费用计划的步骤如下。

（1）基础资料。企业应收集、储存和整理与成本费用水平有关的基础资料，其中包括企业计划期内的经营战略与目标、计划期内各项成本费用消耗水平、劳动人力资源定额、各项费用定额水平、企业同行业成本费用的先进合理水平、企业历史最高水平及上年度成本费用水平的历史资料。

（2）历史分析。详细分析企业历史资料，尤其是上一计划期任务的完成情况。只有准确地分析总结，才能客观把握现有情况，并科学预测未来。因此，企业应尤其注重总结上一计划期内费用水平，为本计划期制订科学合理的费用计划，并寻找与之前的差距总结经验，为计划年度制订降低费用成本的措施提供依据和资料。

（3）初步预测。初步预测成本费用的计划指标，编制确定各单位、各部门的成本费用计划指标。由于企业成本费用计划需要在各单位、各部门的成本费用计划指标基础上编制形成，所以在正式具体编写整体成本费用计划前，应将总指标分解并落实到有关责任单位、部门、班组和个人，为准确编写整体成本费用计划做好准备。

（4）正式编写。正式编写企业成本费用计划，需要运用恰当方式。其中最常用的为分级编写方式。先由企业财务部门向企业内部各部门、各车间下达成本费用计划指标，再由各部门、各车间编制费用预算、成本计划，经过财务部门平衡汇总，最终编写出企业的成本费用计划。

2. 编写费用计划的类别

从编写类别上看，应正式编写下列计划。

（1）编制辅助生产费用计划，即预先确定计划期内企业辅助生产费用与分配数额的计划。

（2）编写基本生产部门成本计划，即按照成本计算对象编写，用来确定各基本生产部门产品及半成品生产水平的计划。该计划是企业产品成本计划的前提和基础。

（3）编写产品成本计划，即按照成本项目或产品类别计算确定产品总成本、可比产品成本降低额、可比产品成本降低率的计划。该计划应按照计划期产量，测算全部产品总成本。

（4）编写企业期间费用预算。企业期间费用由管理费用、财务费用和销售费用组成。其中，企业期间费用预算，应分明细项目，按照定额进行核定。对其中有上一计划期发生额的项目，可在实际发生额基础上调整核定。

（5）编写企业生产费用预算。生产费用预算，依据原始生产要素的费用比例关系计算得出，是企业成本费用计划的重要组成部分。生产费用项目的费用要素项目，应按照其原始形态设置，包括外购材料、折旧费、利息支出、其他支出和员工的工资、福利费用等。不同的费用要素项目，能反映企业一定时期内在某个生产项目上的全部支出。这些项目的合计费用，就是企业在一定时期内的全部生产费用。

2.5.4　如何编制费用预算草案

在编制费用预算草案的实际操作中，企业应重视费用预算编制依据和标准的确定，即准确判断费用为何发生、是否合理，并能积极预测编制费用的金额标准。

1. 费用预算的分类

企业应按照费用发生与销售、人数、事项等因素的关系，将费用分为不同的类别，并采用不同的预算编制方法进行编制。

（1）固定费用。该费用是指在计划期内基本不会随收入和其他因素变化而变化的费用，如租赁费、物业管理费、审计费等。编制该类费用预算的方法相对简单，金额固定。

（2）相对固定费用。相对固定费用在收入或其他因素变化一定的范围内，基本保持不变，抑或通过制度被明确限制在一定数额内，即使产生变化也相对较小，只是企业维持必要规模正常运营的最低费用，如公共通信费、汽车费用、劳保用品、零星修理费等。

（3）变动费用。变动费用的分类有以下几种。

①与收入相关的费用，包括销售返利、佣金、促销费、广告费、业务招待费、奖励薪资等。这些费用通常会伴随销售增长而同步增长。通常而言，其增长幅度会小于销售收入的增长幅度。

②与员工人数相关的费用，包括个人通信费、基础薪资、办公用品等。绝大多数企业都会对这些费用事先设置标准，这些费用伴随人数变化而变化。

③与项目相关的费用，包括测试认证费、技术开发费、模具费、专利费等，

根据实际生产经营的项目而确定。

④偶然费用，即偶然发生例外情况才会出现的费用，如装修费、会议费、添置固定资产发生的费用、贷款利息等费用。

在费用预算草案编制过程中，不同企业应结合自身经营模式的特点，按照费用的实际功能性质，进行分类编制。

2. 编制步骤

费用预算草案编制和审核的步骤，应形成较为固定的流程，便于企业内部执行。

费用预算草案的编制步骤如图2.5-3所示。

财务部门对各部门费用发生的实际数据进行整理，并填入预算表格中上一计划期的实际数中，与计划数据进行对比

明确各项费用预算目标要求及标准

在企业预算会议上，对费用预算的具体指标、时间点予以说明

下发各个部门的预算指标和表格

各部门按照预算要求编制上报，财务部门进行汇总审核，判断是否和下发目标一致

随企业整体预算上报审批、下发执行

图2.5-3 费用预算草案的编制步骤

3. 编制重点

根据费用具体用途的不同，在编制中应注意突出不同的重点内容。销售费用、管理费用和财务费用的编制重点如表 2.5-1 所示。

表 2.5-1　销售费用、管理费用和财务费用的编制重点

费用	编制重点
销售费用	包括固定费用和变动费用。固定费用应采用增量预算法或零基预算法确定，变动费用则应依据销量变动编制。同时也应参考历史数据分析、销售员工工资预算等
管理费用	包括历史数据分析、工资预算、费用政策等，应采用增量预算法或零基预算法确定
财务费用	包括销售预算、回款预算、各项支出预算、历史财务数据等，应结合资金水平、借款、利率等因素来确定
其他关注问题	包括变动费用和固定费用应如何区分，固定期间费用预算的合理性等

仓储物流费用预算编制重点如表 2.5-2 所示。

表 2.5-2　仓储物流费用预算编制重点

费用	编制重点
仓储费	包括仓库租金、折旧费、人员费用、物料费用等
包装费	包装用品的类别、单价和用量等
运输费用	包括预计销量、运输方式、运输距离、平均单位费率等

仓储物流费用，是企业运营中较重要的费用项目。在编制预算时，应积极参考历史同期和同地域、同行业的运输费用，进行科学分析，并结合预算期内的变动因素，进行调整编制。

如果企业缺乏同期数据，可参考同行业的数据或者合同上的报价，以此为标准合理地编制费用预算。当运输费用更高时，可以采取招标的方式，通过多家比价来确定预算单价，以降低成本。

设备使用和维护费预算编制重点如表 2.5-3 所示。

表2.5-3 设备使用和维护费预算编制重点

费用	编制重点
折旧费用	结合固定资产种类目录、原值等因素，以确定的折旧方法、利用率等进行计算
维修费用	针对小、中、大规模的修理费用进行预估，并提前分析设备利用情况
新增设备或者长期租赁费用	包括新增设备的试运转费用、租赁合同、数量、种类、月租金、利用情况等

在维修费用或新增设备费用的预算编制过程中，企业需对照历史数据、机器维修的一般周期加以考虑。如缺乏历史数据，可按照机器设备的保修期、保养期来对维修费用进行预估。对新增设备或者长期租赁费用，可按照合同约定进行编制。

人员费用预算编制重点如表2.5-4所示。

表2.5-4 人员费用预算编制重点

费用	编制重点
基本工资以及辅助费用	应考虑人员数量、人均工资标准、核定的人数以及按照工资所发生的辅助费用等
业绩奖励	应考虑占销售收入或者利润的比例、人员数量等
津贴福利	包括企业规定的标准、人员数量等

4. 编制费用预算草案的注意事项

在编制部门费用预算草案时，应具体明确各部门的差异。对不同部门的每项费用，应在草案中附加必要说明。同时，为了配合草案的编制，财务部门也应预先编制统一的预算格式。例如，运用 EXCEL 程序的计算功能，设置好各项应用公式，以尽量简化不同部门编制预算的操作程序，提高预算编制的效率。

在费用预算草案中，还应建立预算控制审批机制，其要点如下。

（1）建立预算控制原则。通常情况下，各部门费用不得突破预算项目、数量、金额等预算指标。财务部门在审核各项费用时，应严格按照预算指标进行。

（2）突破预算情况。草案应注明：如由于客观环境、外部或内部情况变化，确实需要调整预算的，需经过特殊的预算外审批程序批准，或通过预算修正提案进行调整批复后执行。财务部门也应提前编制费用预算执行情况分析表，发现使用过程中存在差异的，应要求相关部门做出说明。

（3）费用预算考核。费用预算考核通常以月度、季度、半年度和年度为考核周期。在草案中，应将各相关部门的负责人列为考核对象，由其承担费用预算的执行责任，以引起充分重视。

费用预算考核通常应针对费用节约率，即实际节约费用与预算费用的比率进行。该比率小于或等于 0，即为节约；大于 0 则为超支。草案可以根据不同部门情况，设立不同的考核标准。例如，费用节约率的具体标准为合格或不合格，以此让预算的执行更加有效。

2.6　年度经营计划的编制

年度经营计划的编制，是指企业在计划年度内，制订各项生产经营活动计划的过程。这一编制过程包括准备阶段、制订阶段和修改阶段。

2.6.1　如何确定年度经营目标及原则

确定年度经营目标非常重要，只有先确定目标，才能选择正确的策略。

年度经营目标，是指企业从长期战略目标出发，分析企业外部环境和内部条件，制订出的企业下一年度每个经营活动所应达成的结果。

确定目标的过程虽然简单，但也应掌握必要的原则，其中常用的为 SMART 原则，如表 2.6-1 所示。

表2.6-1　制订年度经营目标的原则

序号	SMART 原则		内容
1	S（Specific）	明确性	目标应具体，不能模糊、笼统
2	M（Measurable）	衡量性	目标应量化，用以衡量的数据或信息可以获得
3	A（Attainable）	可执行性	目标在付出努力的情况下可以实现
4	R（Relevant）	相关性	目标与其他指标情况是能被证明和观察的
5	T（Time-bound）	时限性	完成目标有特定期限

确定年度经营目标的原则的主要内容如下。

（1）明确性。年度经营目标应明确，即用具体语言，清楚说明要达成的行为标准。如果不够明确，就无法评判和衡量目标。因此，对目标的描述应具体化、形象化。

（2）衡量性。年度经营目标应是可衡量的，能用数字加以表示。如果企业确定的年度经营目标无法衡量，则目标是否可以实现也就无从判断。

例如，"加强员工培训"这个目标中，"加强"既不容易量化，也不容易考核。相关目标内容应该设定为：在何时间段内，对何种数量的员工，进行一定课时的培训，并取得必要分数的培训考核结果。只有这样的量化目标，才具备应有的可衡量性。

（3）可执行性。年度经营目标应能够被执行和达到。如果企业管理者一厢情愿认定的目标不能为基层员工所接受，就会造成其执行过程中内心和行动上的抗拒，从而加大目标的实现难度，也降低了目标的意义和价值。

（4）相关性。年度经营目标应该与企业的其他目标充分关联，尤其应该和企业长久规划的战略目标紧密联系。如果相关性很差，则即使实现了企业的年度经营目标，意义也并不大。

（5）时限性。年度经营目标的时限性，是指目标必须有时间限制和计划。如果缺乏详细的时限描述，就可能导致考核、监督和执行三者之间的脱节，影响执行者的工作态度。

2.6.2　如何编制年度经营计划

年度经营计划的编制，需要经过必要的流程，如图2.6-1所示。

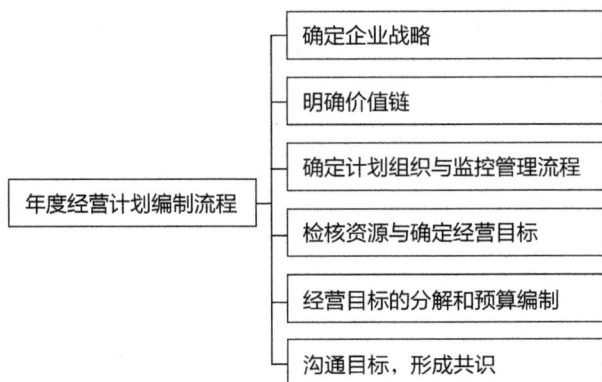

图 2.6-1　年度经营计划编制流程

1. 确定企业战略

通过该步骤，形成清晰科学的企业战略规划，为细致、可执行的年度经营计划做好基础准备与保障。只有确定企业战略规划后，才能让企业执行战略，形成真正的核心竞争能力。

2. 明确价值链

企业的价值链包括营销、组织、产品等，这些资源来自市场，最终回归市场。企业需要明确如何建构其中的高效循环，确保符合战略规划，并充分体现在年度经营计划中。

3. 确定计划组织与监控管理流程

不同的企业面对的情形不同，在编制年度经营计划过程中，应事先根据下一年度的内外环境特点，确定计划组织和监控管理流程，并体现出企业本身的特点。

4. 检核资源与确定经营目标

在编制年度经营计划时，应考虑人力、原材料、组织等资源与经营目标的对接和匹配关系。不仅应考虑到客观的内、外部资源和能力，还要联系企业所在价值链的资源和能力，以此将之和经营目标加以联系，确定年度经营计划。

5. 经营目标的分解和预算编制

大多数情况下，企业内不同部门和员工个人的工作目标，与企业战略目标容易发生部分脱节，成为了依据部门和员工工作内容提出的实用化目标。这很容易导致部门和员工的绩效目标总和与企业战略目标发生偏差。为此，在年度经营计划的编制过程中，应将经营目标层层分解到部门和员工岗位上，使其工作目标能辅助战略目标的实现。

6. 沟通目标，形成共识

编制年度经营计划，不能只是形成目标并单向地进行由上到下的分解，而是要根据实际情况，针对部门、员工特点，当面一对一划分。编制年度经营计划应该遵循从董事会、计划管理委员会、计划管理部门，到直属副总经理、部门经理、部门员工的流程进行分层次沟通，以最终达成共识。

在完成上述流程后，就能编制出切实可行的年度经营计划并予以执行。

2.6.3　年度经营计划编制的八个关键内容

年度经营计划的编制，有八个关键内容，其中最核心部分是目标的确定，围绕年度目标和分解目标，考虑前因后果，配置时间和资源，形成各类计划。

年度经营计划的关键内容，主要包括以下方面。

1. 销售计划

年度经营计划中，应根据经济形势、市场预测、订货合同等，编制销售计划。销售计划是生产计划的重要依据，包括企业在计划年度内所销售产品的品种、数量、销售收入、销售利润、交货期、产品质量、销售渠道等，能够确保企业年度利润目标的实现。

2. 生产计划

生产计划，是年度经营计划的重要内容。生产计划是对企业在计划年度内所生产的产品品种、质量、数量和生产进度，以及对生产能力如何利用的规划。编制生产计划，能形成薪资计划和物资供应计划，并能有效确保企业销售计划的实现。

3. 薪资计划

薪资计划应依据生产计划和销售计划进行编制。为此，应提前规定和计算企业在年度内为完成生产计划所需要的人员和岗位数量，以及劳动生产率提高水平、工资总额和平均工资水平，同时还应确定奖励制度、奖金、提成等。

4. 研发计划

研发计划的具体落实和运用，能推动企业不断创新、提升开拓市场的竞争实力，从而明确企业的新产品设计、工艺和技术准备等。

5. 物资供应计划

物资供应计划应根据销售计划、生产计划、研发计划、技术发展计划等内容加以编制，做到合理利用资源，筹划企业在计划年度内生产、研发、维修等所需的原材料、配件、工具、人力资源的供应量、渠道和供应价格、期限等。

6. 成本计划

成本计划的编制，以生产计划、薪资计划和物资供应计划为依据，能有效保证企业对人力、财力、物力等资源的运用效率。成本计划，可以规定企业在计划年度内生产和销售产品所需的费用，如产品单位成本、营销成本等。

7. 财务计划

财务计划包括生产、销售、供应、薪资、成本等有关内容，能够确保企业在计划年度内正常合理使用资金。其主要内容包括固定资产计划、流动资金计划、利润计划、专用资金计划和财务收支计划等。

8. 技术发展计划

技术发展计划，规定了企业在计划年度内改进技术和组织措施的项目、进度和预期效果，同时规定了实现措施所需要的人力、费用、材料和执行单位等。技术发展计划是有效实现生产计划的保证，可以有效激发企业潜力，改造技术的薄弱环节。

2.6.4 如何编制年度经营计划书

年度经营计划书并非抽象的文书，而是企业在确定经营目标和理念的基础上，进一步规划和落实企业经营计划的工具。在编制年度经营计划书的过程中，应确保细节明确具体、使用积极语言、组织员工参与。

年度经营计划书的种类、形式和内容各有特点，下面是常见的规范化模板。

1. 企业概况

企业概况包括企业基本情况简介、发展历史、人数、市场特点、行业特点等。

2. 计划步骤

计划步骤列举年度经营计划的步骤和时间段，主要有以下内容。

（1）准备阶段。

（2）立案阶段。

（3）审议阶段和调整阶段。

（4）决定和公布阶段。

（5）执行阶段。

3. 计划内容

年度经营计划内容，应包括以下方面。

（1）年度展望，主要包括对下一年度市场、设备、人力、原材料、财务与外部状况的预先分析。

（2）工作方针和目标，包括目标管理、成本管理、质量管理等。

（3）各部门计划，包括采购、制造、质量、人事、培训、后勤、总务等部门的分支计划。

4. 计划执行

计划执行主要包括计划实施前的评估、论证和修改工作安排，以及计划执行过程中的周、月、季度和半年评估小结工作安排。

5. 计划奖惩

计划奖惩应函盖经营计划的成果奖励、奖金内容、精神激励等，也应涵盖未能完成计划的处罚举措等。

6. 年度经营计划书的附件、表格和其他内容

具体的附件、表格等暂不一一列举了，企业根据自身情况增加相应内容。

第3章
投融资预算的编制

　　企业在预算管理过程中，需要突破传统预算管理的束缚。在原有投融资预算管理基础上，管理者也需要不断创新管理模式，将企业战略、投资规划、融资规划、风险管理、资源配置等与企业价值创造紧密衔接。

　　如何将预算管理与投融资管理有效结合，提升投融资预算编制的科学性，提高资源利用效率，是企业全面预算管理工作需面对的重要问题。

3.1 资本预算方法

资本预算工作，在企业预算管理活动中占据举足轻重的地位。能否选择合适的资本预算方法并对投资方案进行价值分析，是企业能否实现预算管理目标的重要基础。

3.1.1 资本预算概述

资本预算，又称为资本支出预算，是指企业对固定资产投资进行决策的预算过程。企业为了将来更好地发展、获取更高的经济效益，而制订的长期资本资产投资计划，构成了资本预算的主要内容。

资本预算能综合体现企业建设资金的来源和用途。其特点是资金量大、周期长、风险性大、时效性强。

3.1.2 非贴现现金流量指标

非贴现现金流量指标，是资本预算过程中的重要概念。非贴现现金流量指标是在不考虑资金时间价值的情况下，直接依据不同时期的现金流量，分析投资项目经济效益的指标。

1. 非贴现现金流量指标的内容

非贴现现金流量指标中，最常用的有以下两种。

（1）投资回收期。该指标是指回收初始投资所需要的时间，一般以"年"为单位。如果企业每年的营业净现金流量相等，那么投资回收期的计算公式为：原始投资额÷每年营业净现金流量；如果每年营业净现金流量不等，则投资回收期应根据每年年末尚未收回的投资额进行计算。

投资回收期概念较容易理解，计算也比较简便。但这一指标并不考虑资金时间价值，也不考虑回收期满后的现金流量状况。

（2）投资报酬率，即投资项目寿命周期内的年投资报酬率，又称为平均投资报酬率。其计算公式为：平均现金流量÷原始投资额×100%。

投资报酬率的优点是简明易懂，其主要缺点也在于未考虑资金时间价值。

2. 非贴现现金流量指标与贴现现金流量指标的差异

非贴现现金流量指标与贴现现金流量指标，是资本预算过程中的重要参考内容。为此，需对两者的差异加以分析。

非贴现现金流量指标与贴现现金流量指标的差异如表 3.1-1 所示。

表 3.1-1 非贴现现金流量指标与贴现现金流量指标的差异

用途	非贴现现金流量指标	贴现现金流量指标
现金收入和支出	不考虑现金收入和支出在不同时间点上的价值差别，忽略了资金时间价值因素	将不同时间点收入或支出的现金，以统一贴现率折算到同一时间点，使不同时期的现金具有可比性，推动正确决策
衡量投资情况	只能反映投资回收速度，无法反映投资净现值的多少	能全面体现投资情况
分析投资情况	对寿命不同、资金投入时间和获得收益时间不同的投资方案，缺乏鉴别能力	通过净现值、内含报酬率和现值指数等指标，做出合理、正确的决策
资金时间价值	未能考虑资金时间价值，容易夸大项目的盈利水平	以预计的现金流量为基础，考虑了资金时间价值，计算出真实的资金报酬率
标准回收期	以经验或主观判断为基础，确定标准回收期，缺乏客观依据	净现值和内含报酬率等指标，均以企业资金成本为取舍依据，可以通过计算得到，符合客观实际

企业管理者可以根据表 3.1-1 中展现的非贴现现金流量指标与贴现现金流量指标的差异，进一步明确两种现金流量指标之间存在的不同并合理运用。

3.1.3 贴现现金流量指标

贴现现金流量指标，是指考虑了资金时间价值的指标。

贴现现金流量指标如图 3.1-1 所示。

图 3.1-1　贴现现金流量指标

贴现现金流量指标主要包括以下指标。

1. 净现值

净现值是指投资项目投入使用后的净现金流量，即按资本成本或企业要求达到的报酬率折算为现值，减去初始投资现值之后的余额。净现值的另一种定义，即净现值是从投资开始至项目终结时所有一切现金流量的现值之和。

净现值的决策参考价值，主要体现于对备选方案是否采纳的决策中。净现值为正者则采纳，为负者则不采纳。这一指标考虑了资金时间价值，能充分体现不同投资方案的净收益，是相对科学、全面的观察指标。当然，净现值指标无法完全揭示各个投资方案本身可能达到的实际报酬率，因而需要结合其他指标共同判断。

2. 现值指数

现值指数又称为利润指数，是投资项目未来报酬总现值与初始投资额现值的比率。

现值指数的决策规则是分析判断备选方案的现值指数。如果只有一个备选方案，其现值指数大于或等于 1，就可以采纳；如果有不同备选方案，则应采用现值指数最高的方案作为投资项目。

现值指数法的优点在于考虑了资金时间价值，能真实体现投资项目的盈亏程度。现值指数以相对数表示，有利于在初始投资额不同的投资方案之间进行对比。

3. 内含报酬率

内含报酬率是能使投资项目净现值等于 0 的折现率。内含报酬能反映投资项目的真实报酬。在使用内含报酬率指标时，如果只有一个备选方案，应计算内含报酬率，若该指标大于或等于企业资本成本或必要报酬率，就予以采纳；如果有多个备选方案，则应选用内含报酬率超过资本成本最多的方案。

内含报酬率考虑了资金时间价值，体现了投资项目的真实报酬率。但该指标计算过程较为复杂，往往需要经过多次测算才能真实计算出来。

3.1.4　资本预算方法的应用

资本预算是企业优化资源配置的重要工作，能直接影响到企业所有部门，决定企业的战略方向，并在长时间内影响企业的资源分配。有效的资本预算，还能使企业改善资产的投入时机，提前配置相应资产，发掘资产的价值潜力。反之，如果企业没有准确预测，或投入资本的时机不准确，则会形成剩余生产能力和高额成本，由此导致经营亏损甚至破产。因此，准确选择资本预算方法，对企业发展非常重要。

1. 资本预算方法的对应项目

资本预算方法的对应项目，可根据实际用途分类，如表 3.1-2 所示。

表 3.1-2　资本预算方法的对应项目

项目范围	项目内容
新行业领域、新市场	向新的行业、产品或者市场进行扩张
现有产品和市场	扩大现有产品的生产规模，或者扩大现有营销渠道的规模。例如购置设备扩大现有产品的生产能力，或投资于开发现有产品的系列产品，或投资于另一产品的生产
设备更新	因设备损耗而进行的替换投入，包括维持现有生产能力而重新购置设备、为降低成本而更换设备
环保和安全投资	为遵循政府法律规定、保险政策或合同条款等必须做出的投资，又称为强制性投资。该类投资大都不产生收入，只发生成本
其他项目	诸如办公设备、基础建设、研究开发项目等方面的投资

分析表 3.1-2 所示资本预算方法的对应项目，可帮助企业进一步明确资本预算项目的范围和内容。

2. 资本预算流程

资本预算决策具有相当的风险。因此，企业必须依照特定程序，运用科学方法，进行资本预算决策。

通常情况下，资本预算决策的流程包括六个步骤，如图 3.1-2 所示。

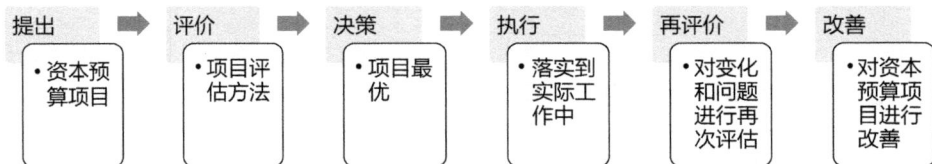

提出	评价	决策	执行	再评价	改善
·资本预算项目	·项目评估方法	·项目最优	·落实到实际工作中	·对变化和问题进行再次评估	·对资本预算项目进行改善

图 3.1-2 资本预算决策的流程

（1）资本预算项目的提出。企业的经营管理团队，应善于寻找新投资机会，开拓新市场，开发新技术，并提出新的资本预算项目。

（2）资本预算项目的评价。利用主要的项目评估方法，如投资回收期法、平均会计收益率法、净现值法、现值指数法、内含报酬率法等，对资本支出项目进行分析，比较不同项目的优劣。

（3）资本预算项目的决策。企业高层管理团队，对备选项目进行研究讨论，并结合企业自身所处状况，对项目未来所可能产生的效益进行审核后，选择其中最优项目投资。

（4）资本预算项目的执行。将资本预算决策落实到实际工作中，企业各级团队应做好执行过程中的工作，及时收集执行项目在市场中的变化数据和所遇到的问题，并及时加以反馈沟通，将新的决策内容贯彻到实际执行过程。

（5）资本预算项目的再评价。在资本预算项目的实际执行中，企业应对所发现的各种变化和问题进行再次评估，修改决策内容，并反馈到实际工作中。

（6）资本预算项目的改善。企业根据自身情况，对资本预算项目原有的不足之处进行弥补，对偏离企业实际情况的问题予以修正。同时，根据对市场环境的调查资料，对预算做调整，从而把握最佳投资时机。

3. 资本预算方法

在资本预算方法中，通常使用两类评价指标，分别是非贴现现金流量指标和贴现现金流量指标。使用前者的包括投资回收期法、平均会计收益率法等；使用后者的包括净现值法和现值指数法等。

（1）投资回收期法即投资回报期法。投资回收期是指投资项目所带来的预期现金流量累加到与原始投资额相等所需要的时期。该方法根据投资回收期，判断投资项目的可靠程度。其计算步骤如下。

①累加原始支出后的现金流量。

②观察累计现金流入量，记录加总的数字结果，不超过原始支出现金流量的最大年份。

③计算"最大年份"后现金流量中用来"补偿"原始现金支出的部分。

④将第②步骤中的整数，与第③步骤中的小数相加，得出投资回报期。

（2）平均会计收益率法。该方法采用年平均会计收益率进行投资预算决策。年平均会计收益率即投资项目产生的各年平均净利润与整个期限内平均投资额的比率。该方法计算简便、应用范围广。

在使用该方法进行资本预算时，企业应先确定一个标准会计收益率，再将项目的实际会计收益率与该标准会计收益率进行比较。如果备选方法只有一个，在实际会计收益率大于或等于标准会计收益率时，即可接受该项目；如果备选方案有多个，应选择实际会计收益率高于标准会计收益率且最高的项目。

平均会计收益率法的优劣如表3.1-3所示。

表3.1-3 平均会计收益率法的优劣

优势	计算简单、便于理解、考虑项目整个寿命期内的全部收益
劣势	未考虑资金时间价值，不够客观

（3）净现值法。该方法是采用净现值作为参考指标进行投资预算决策的方法。净现值法充分考虑了资金时间价值，并估算项目全部现金流量，能体现投资项目在经济年限内的总效益。

在运用该方法进行资本预算评估时，应根据需要改变折现率。项目的经济年限越长，折现率变动的可能性就越大。但在对多个方案择优时，如果各方案投资额不同，单纯分析净现值绝对量的大小，难以确定投入和产出的效益。因此，需要事先确定项目的资本成本。

（4）现值指数法。该方法是通过比较投资项目的现值比率后，分析项目投资报酬率是否能达到预期项目资本成本的方法。使用现值指数法，意味着项目的现值应大于其初始现金流出量。相比净现值法，现值指数法更多从价值尺度出发，说明项目方案的投资效率。

对于同一个项目方案而言，利用净现值法和现值指数法得出的结论是相同的。但对于初始投资额不同的项目，两种方法得出的结论很可能不同。

例如，某企业现有 A 和 B 两个互斥投资方案，其中 A 方案的原始投资额为 350 万元，B 方案的原始投资额为 440 万元，这两个方案每年分别产生 150 万元和 180 万元的现金流入，其寿命期限都是 4 年。该企业每年预期的投资报酬率为 10%。

A 方案和 B 方案的概况评估对比如表 3.1-4 所示。

表 3.1-4　A 方案和 B 方案的概况评估对比

方案	初始投资额（单位：万元）	每年净现金流入（单位：万元）	净现值法	现值指数法
A	350	150	125.48	1.36
B	440	180	130.58	1.30

通过 A 方案和 B 方案的概况评估对比可知，若采用净现值法进行决策，则应选择 B 方案；若采用现值指数法，则应选择 A 方案。此时，可以引入增量分析的方法，做出调整，具体方法是将初始投资额大的 B 方案的现金流量，减去初始投资额小的 A 方案的现金流量，可以得到增量现金流量的盈利指数为 0.06，增量现金流量的净现值为 5.1 万元。可见，B 方案相比 A 方案有更大优势。

净现值属于绝对量指标，体现投资效益；而现值指数属于相对量指标，反映投资效率，不体现投资回收额。因此，企业在没有对投资限额的情况下，对多个项目的选择，应以净现值法评价为主要依据。但如果出现净现值法和现值指数法的评价结果矛盾的情况，则应根据投资方案，采用增量分析的方法，选择最优方案。

3.2 长期投资预算的编制

长期投资预算，是指企业对预算期内所进行的长期投资活动的总体安排，包括企业进行规划、评价、选择、决策，以实施长期投资活动的全过程。

3.2.1 长期投资预算的内容

财务管理中的长期投资概念，既包括对外长期投资，也包括对内长期投资。例如，企业购买或新建、扩建、改建固定资产的投资，就属于对内长期投资，购买无形资产的投资也同样属于对内长期投资。

在编制长期投资预算时，应根据投资计划区分对内投资和对外投资，根据投资类别或项目进行编制，同时编制投资所引起的现金流量预算。

长期投资预算主要包括以下内容。

1. 内部长期投资预算

（1）固定资产投资预算，即企业在预算期内，为购买、新建、改建、扩建固定资产，进行资本投资而做出的预算。该部分内容主要根据企业有关投资决策资料和预算期固定资产投资计划进行编制。

（2）无形资产投资预算，即企业在预算期内，为取得专利权、非专利技术、商标权、著作权、土地使用权等无形资产，进行资本投资而做出的预算。该部分内容主要根据预算期无形资产投资计划进行编制。

2. 外部长期投资预算

（1）权益性资本投资预算，即企业在预算期内，为了获得其他企业的股权及收益分配权，而进行资本投资的预算。该部分内容主要根据企业有关投资决策资料和预算期权益性资本投资计划编制。

（2）联营性资本投资预算，即企业在预算期内，为举办合资、合作企业而进行资本投资的预算。该部分内容主要根据企业与合资、合作方的有关投资决策资料和预算期合资、合作资本投资计划编制。

（3）债券、股票、基金等投资预算，即企业在预算期内购买国债、企业债券、金融债券等的预算。该部分内容主要根据企业有关投资决策资料和市场行情进行编制。

3. 把握长期投资预算管理的价值

长期投资预算管理，能为企业提供下列价值。

（1）运用预算方法，进行长期投资项目的可行性研究，选择出对企业最有价值的长期投资项目。

（2）通过编制严谨周密的长期投资预算，为企业长期投资活动制订实施方案和工作标准。

（3）通过编制科学合理的预算，为企业长期投资活动筹集足够的项目资金，实现资本结构最优。

（4）将长期投资预算作为标准，对企业长期投资活动进行全过程的管理、控制和调整，确保企业投资活动的充分规范化。

（5）实现对长期投资资本支出的责任核算，以全面、及时、准确地反映、报告和监督企业长期投资行为。

（6）有效分析、审计和考评长期投资行为，落实项目责任人的责、权、利，确保长期投资活动目标完成。

4. 长期投资预算表的编制

长期投资预算表的编制，应体现出内容的全面性，并提供对应的管理思路。长期投资预算表如表 3.2-1 所示。

表3.2-1 长期投资预算表

项目		第一季度	第二季度	第三季度	第四季度	全年合计
对外投资	权益性资本投资					
	联营性资本投资					
	股票投资					
	债券投资					
	基金投资					
对内投资	固定资产投资					
	无形资产投资					
合计	投资合计增减，包括现金流出合计、现金流入合计、现金净流量合计					

3.2.2 固定资产投资预算的编制

固定资产投资预算的编制内容，包括从固定资产前期准备开始到投资项目全部建成投产为止，其间所发生的全部构建费用预算、生产运行期所需的资金预算、针对该投资项目的筹资预算等。

固定资产投资预算的主要编制思路如图3.2-1所示。

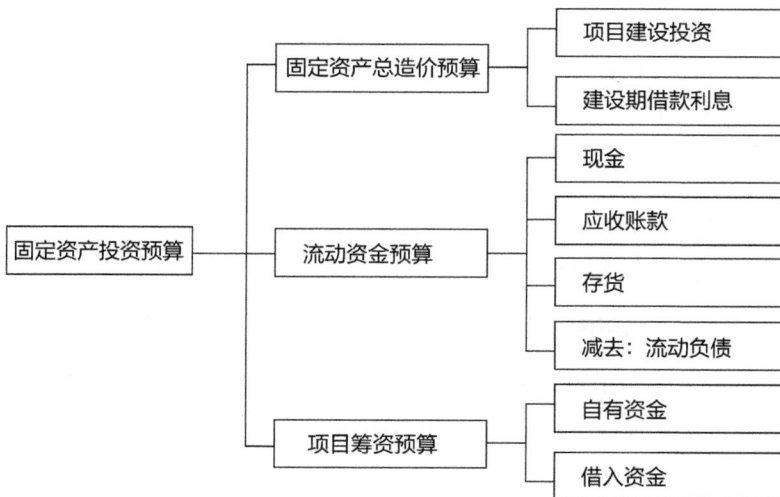

图3.2-1 固定资产投资预算的主要编制思路

在图 3.2-1 所示的固定资产投资预算的主要编制思路中，主要包括以下应重点关注的内容。

1. 固定资产总造价预算

该预算是固定资产支出的总体安排，包括固定资产投资项目的工程费用、其他费用、预备费用和建设期借款利息。其中，工程费用、其他费用、预备费用组成项目建设投资，是固定资产总造价预算的主体部分。

（1）工程费用，即固定资产的工程项目费用，包括建筑工程费、设备购置费、安装工程费。

①建筑工程费，包括直接费用和间接费用。其中，直接费用，包括施工建设过程的直接材料费、人工费、机械使用费等；间接费用，包括施工管理费和其他间接费。在预算编制中，以直接费用为基础，以规定间接费用率计算。

②设备购置费，包括需安装和不需安装的全部设备、工装器具和生产用具购置费等。

③安装工程费，包括设备安装费或室内外管线安装费，由直接费、间接费、计划利润和税金等组成。

（2）其他费用，包括按规定应列入固定资产投资的建设费用，如土地使用费、设计费、建设单位管理费、生产筹备费等。

（3）预备费用，包括基本预备费用和不可预见费用。其中，基本预备费用是在项目可行性研究和预算评估时，难以完全预料的费用；不可预见费用，是指在建设期内价格上涨，可能导致投资增加而预留的费用。

2. 流动资金预算

流动资金预算为项目竣工投产后，进行正常生产经营活动所需周转金的预算。流动资金预算为所需流动资金等流动资产，减去流动负债的差额。

流动资金预算的评估方法中，最常见的是分项估算法，即根据项目资产内流动资金周转额与周转速度之间的关系，对构成流动资金的各项流动资产进行估算，重点估算其占用资金和流动负债占用资金的比率。

分项估算法的重点如下。

（1）现金需要量，即企业在预算期运营中，始终停留于货币形态的资金。其通常根据人工费用、其他费用的现金支出额计算。

（2）应收账款占用资金，即企业在预算期运营中，对外赊销商品或劳务所占用的资金。该资金周转额是全年赊销商品或劳务的销售收入。

（3）存货占用资金，即企业为销售或生产耗用而储备的各类物资资金占用额，主要包括外购原材料、外购燃料动力、半成品、产成品等。

（4）流动负债占用资金，即企业在预算期内需要偿还的各种债务。

3. 项目筹资预算

项目筹资预算，是指在预算期内，项目需要新借入的长期借款、短期借款、经批准使用的债券以及对原有借款、债券还本付息的预算。项目筹资预算分为两个部分，分别是自有资金和借入资金。自有资金很好理解，借入资金包括长期借款、短期借款、经批准使用的债券以及对原有借款、债券还本付息。

3.2.3　权益性资本投资预算的编制

权益性资本投资，是指企业以获得其他企业股权和收益分配权为投资目的，通过权益性投资活动，将投出资金形成被投资企业的资本金的过程。企业拥有被投资企业的所有权，并按投资比例享有权益并承担风险。

1. 权益性资本投资的分类

权益性资本投资，可划分为债券性投资和股权性投资。

债券性投资，主要是长期债券投资，其目的在于获取债券的利息收入。企业持有其他企业债券时，只能获取预定利息收入，而不能参与其经营决策，更不能对其实施控制。

股权性投资，大都关联到对该企业的表决权，能参与其经营决策和利润分配。拥有股权投资的份额不同，对被投资企业的影响程度就不同，相关的预算核算方法也不同。

长期股权投资，按权益性资本投资的拥有比例可分为三类，如图3.2-2所示。

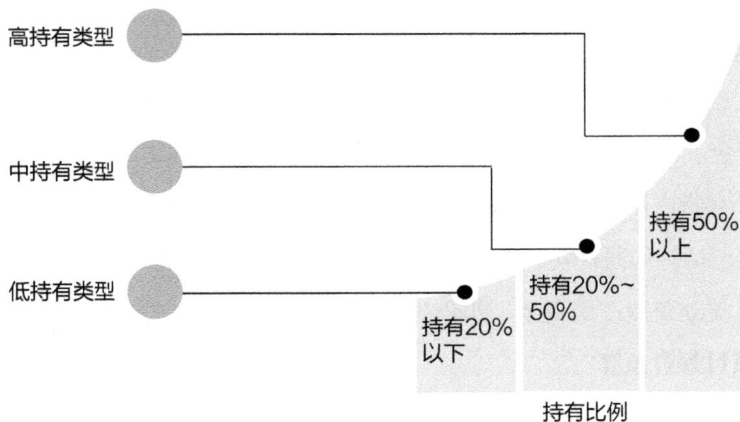

图 3.2-2　长期股权投资的三大类型

在图 3.2-2 所示长期股权投资的三大类型中，可解读出以下要点。

（1）当投资企业持有被投资企业 20% 以下的权益性资本时，表明投资企业对该被投资企业不能控制或不能施加显著影响，应采用成本法进行核算。

（2）当投资企业持有被投资企业 20%～50% 的权益性资本时，说明投资企业可以对该被投资企业的生产经营活动施加显著影响，应采用权益法进行核算。

（3）当投资企业持有被投资企业 50% 以上的权益性资本时，投资企业大都可直接控制该被投资企业生产经营活动，除了采用权益法进行核算外，还应编制合并会计报表。

2. 权益性资本投资预算的编制

权益性资本投资预算的编制，必须严格按照程序进行，以有效控制投资风险，提高投资收益，减少风险因素。

权益性资本投资预算的具体编制程序和方法如下。

（1）提出投资建议。负责资本投资的部门，应在企业投资计划框架内进行权益性资本投资的可行性分析和论证，并在此基础上向企业投资决策机构提交投资建议书，明确投资方式、内容、金额、时限、收益和投资风险、投资责任等事项。

（2）审议投资建议。权益性资本投资活动，通常需要企业董事会做出投资决策或制订投资额度，由总经理负责实施。重大投资项目还应通过企业股东大会审议批准，并按照法律程序办理有关手续，形成书面投资决议。

（3）按照投资决定，开展预投资活动。相关职能部门应按照批准的投资项目，开展投资前工作，包括投资谈判、签订投资合同、制订或修订被投资企业的公司章程等。

（4）依据投资决策和投资计划，编制投资预算。负责投资的部门应和本企业财务部门紧密合作，依据不同的投资项目，编制具体的权益性资本投资预算。其中需要确定事项如下。

①投资时间、金额和股份比例。

②被投资企业名称。

③投资性质和方式。

④投资双方的关系。

⑤被投资企业的年度净利润。

⑥收回投资的时间和金额。

3. 权益性资本投资预算实例

A 公司根据投资计划，拟定 2020 年实施以下权益性资本投资活动。

（1）2020 年 3 月，以现金 100 万元向 B 公司投资。投资后，A 公司占 B 公司 30% 的股权，对 B 公司生产经营活动无重大影响。B 公司宣布 2020 年将向股东发放现金股利 50 万元。

（2）公司董事会批准财务部门在 2020 年 5 月，购买上市公司 C 公司普通股 10 万股，占 C 公司 1% 的股份，预计投资 50 万元。C 公司宣布 2020 年向股东发放现金股利 500 万元。

根据上述资料，编制权益性资本投资预算和投资收益预算，分别如表 3.2-2 和表 3.2-3 所示。

表3.2-2　A公司2020年权益性资本投资预算

序号	被投资企业	投资性质	投资时间	投资金额（元）	股权比例
1	期初余额	（略）	（略）	（略）	（略）
2	本期增加	（略）	（略）	1 500 000	（略）
2.1	B公司	参股	（略）	1 000 000	30%
2.2	C公司	持有股票	（略）	500 000	1%
3	本期减少	（略）	（略）	0	（略）
4	期末余额	（略）	（略）	1 500 000	（略）

表3.2-3　A公司2020年投资收益预算

序号	被投资企业	投资时间	投资金额（元）	股权比例	现金股利	投资收益（元）
1	B公司	2020年3月	1 000 000	30%	500 000	150 000
2	C公司	2020年5月	500 000	1%	5 000 000	50 000
3	合计		1 500 000		5 500 000	200 000

通过表3.2-2和表3.2-3，A公司能直接计算出权益性资本投资和投资收益。

3.3　融资预算的编制

融资预算，是企业对在预算期内需要新借入的长短期借款、经批准发行的债权、原有借款和债权还本付息的预算。

融资预算主要依据企业有关资金需求决策、发行债券审计文件、期初借款余额和利率等资料进行编制。此外，企业经批准发行股票、向原股东配售股份和增发股票，也应根据股票发行计划、配股和增股计划等资料进行预算编制。

3.3.1　融资预算的内容

在编制融资预算之前，应明确结合企业战略导向，根据企业发展方向及发展速度，确定企业在未来时期内所需的资金量。

1. 明确融资预算目的

融资预算的直接目的，在于满足生产经营活动和投资活动的需要。进一步细化企业的融资行为，在于解决以下问题。

（1）应在何时融资。

（2）融资额有多大。

（3）融资方式如何确定。

（4）融资成本和投资收益如何配比。

2. 融资预算的分类

融资预算，是企业在预算期内为筹集生产经营活动所需资金而进行的，包括股权融资预算和负债融资预算、短期融资预算和长期融资预算、内部融资预算和外部融资预算等类别。

3. 融资预算的内容

企业向银行借款、发行债券等融资活动的预算，应依据预算期投资活动预算、发行债券批文、期初借款余额及利率等资料进行编制，从而反映预算期内向银行借款、发行债券所筹措的负债资金、各项发行费用和归还原有借款、债券的本息。

（1）融资金额预算数。企业在编制融资预算时，应根据预算期初现金余额、预算期内经营活动和投资活动所产生现金流量、预算期内为支付前期融资本息或利润而产生的现金净流量，对融资金额预算数加以确定。其计算公式如下：

融资金额预算数 = 预算期内投资活动产生的现金净流出量 + 预算期内为支付前期融资本息而产生的现金净流量 + 预算期内为支付融资利润而产生的现金净流量 + 预算期末现金余额 − 预算期初现金余额 − 预算期内经营活动产生的现金净流入量

（2）融资活动现金流量。融资活动的现金流量，应根据融资金额预算数，扣除预算期应偿还的负债本息、股利和其他融资费用等现金支出流量计算。其计算公式如下：

融资活动的现金流量＝预算期初现金余额＋经营活动产生的现金净流入量－投资活动产生的现金净流出量－预算期内支付的前期融资本息－预算期内支付的融资利润

企业融资活动预算内容，应包括股权融资、负债融资和融资活动现金流量三个方面。融资预算表如表 3.3-1 所示。

表 3.3-1　融资预算表

单位：元

项目	上年实际	本年预算	第一季度	第二季度	第三季度	第四季度
1. 股权融资						
2. 债券融资						
3. 银行贷款						
期初贷款余额						
本期贷入						
本期还贷						
本金还贷						
利息还贷						
贷款增加净额						
银行承兑汇票						
增加承兑						
存入保证金						
到期兑付						
到期保证金						
其他融资						
合计						

3.3.2　融资预算编制的流程与方法

企业融资预算编制的流程与方法，包括以下步骤。

1. 汇总

企业应根据经营预算中各项现金收付事项及收付时间和金额，在审核无误的情况下，计算出预算期内经营预算的现金余缺数量。

2. 对比

企业应将经营预算的现金余缺数量与经营资金需要量进行对比。如果两者存在较大差异，则应认真分析，找出造成差异的原因。

3. 排列

对企业预算期内的各项短期债务，依据种类、偿还时间和偿还金额进行排列，确定预算期内企业应偿还的原有短期债务数额。

4. 累加

将经营预算中的现金余缺数量与企业在预算期内所需偿还的原有短期债务数额进行累加，确定企业预算期内的现金余缺总量。

5. 形成方案

针对上一步骤中针对企业预算期内的现金余缺总量，结合对预算期市场、资金总体情况的预测，形成预算期的具体融资方案。一般而言，该方案应针对以下两种情况分别确定措施。

（1）如果预算期现金出现结余，应制订提前偿还借款、将节约资金投向短期债券市场的融资方案。

（2）如果预算期现金出现短缺，应首先确定从内部挖掘自有资金潜力的措施（如清理应收账款、处理积压物、压缩库存、盘活存量资产等），再根据预算期资金市场和资金成本情况，制订向外部融资的方案。

6. 评审

组织有关部门对预算期的融资方案进行评审。根据通过评审的预算期融资方案，编制融资预算。

7. 分析

融资预算的编制，应参考往年度的预算编制进行差异分析，从而为此后的预算执行发挥一定的指引作用。

融资预算差异分析表如表 3.3-2 所示。

表 3.3-2　融资预算差异分析表

单位：元

项目	月度				本季度				本年度			
	预算	实际	差异	差异率	预算	实际	差异	差异率	预算	实际	差异	差异率
股权融资												
债券融资												
银行贷款												
银行承兑汇票												
其他融资												
合计												

企业可通过融资预算差异分析表，对实际融资预算差异进行具体分析。

第4章
财务预算的编制

    财务预算是全面预算体系中的最后环节，能从价值方面总体反映经营期决策预算与业务预算的结果。

    财务预算又称为总预算，显而易见，它在全面预算体系中具有举足轻重的地位。

4.1 财务预算的概念和作用

财务预算属于企业预算体系的重要内容，重在以货币形式表现企业的长期发展规划和近期经济活动。财务预算与企业其他预算相互联系、相辅相成，共同构成企业完整的全面预算体系。因此，企业管理者必须清楚财务预算的概念和作用。

4.1.1 财务预算的概念

财务预算包括狭义的财务预算和广义的财务预算。狭义的财务预算，是指预算财务报表；广义的财务预算，除了包括预算财务报表外，还包括影响财务报表的各种因素的预算。

具体而言，财务预算是一系列专门体现企业在未来预算期内预计财务状况、经营成果、现金收支等价值指标的各种预算的总称，包括现金流量预算、利润预算、资产负债预算等具体内容。

财务预算是企业财务管理的重要内容，其编制以财务预测结果为依据，并受到财务预测质量的制约。财务预算必须服从决策目标要求，使决策目标具体化、系统化和定量化。

财务预算具有以下特征。

1. 综合性

企业的财务预算中，不论是损益预算还是现金预算，均为以货币为计量单位的价值预算。由于价值本身具有抽象性特征，不同产品、经营项目和财务事项的数量都能直接汇总为综合性财务指标。

同时，财务预算指标的设置，通常也应和财务报表项目的口径一致。财务报表的每个项目均是企业经营和财务活动某一特定方面数量状况的综合反映。因此，财务预算指标具有综合性的特征。

2. 导向性

现代企业管理以财务管理为中心，财务管理则以财务目标为导向。以财务目标为导向，意味着企业的所有经济活动均应从企业的财务目标出发，提出企业财务目标要求。

企业财务预算是财务目标的具体化。例如，损益预算，是财务收益目标的具体化；现金流量预算及资本结构预算，则是财务风险控制目标的具体化。将这两方面综合，便可形成企业价值最大化的目标要求。由此可见，企业财务预算的属性，决定了其对企业经济活动的导向作用，财务预算是财务目标具体实现的程序。

4.1.2　财务预算的作用

在企业的全面预算体系中，财务预算发挥着重要的作用，如图4.1-1所示。

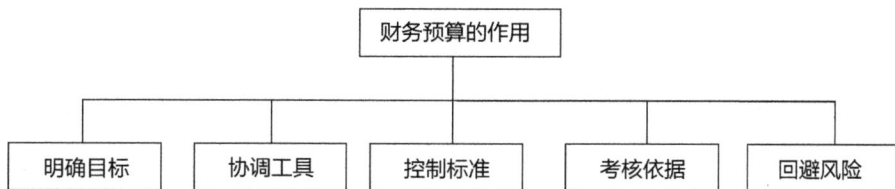

图 4.1-1　财务预算的作用

1. 明确目标

预算是目标的具体化，而财务预算能够明确各部门工作的目标。财务预算可以帮助各个部门更好地明确整个企业的努力方向，也能够引导其清楚了解本部门的工作任务。编制财务预算，能够贯彻目标管理，以目标去指导和控制各个部门的业务执行。这样，财务预算就能够让企业各部门管理人员积极行动，养成在具体行动之前预先计划的良好行为习惯。

2. 协调工具

财务预算是各个部门工作的协调工具。财务预算将整个企业各方面工作进行严密组织，并将企业内部有关协作单位的配合关系纳入统一计划中，确保企业内部关系的协调，从流程上达到环环相扣的平衡稳定状态，更好地发挥预算的控制作用。

例如，企业将经营方针定为以销定产，生产预算即应以销售预算为前提，现金收支预算也必须以供、产、销过程中的现金流量作为依据。

3. 控制标准

财务预算是不同部门工作的共同控制标准。预算的作用不局限于编制，而更应包括执行过程。企业在生产经营过程中，应当将实际情况与预算进行比较，寻找实际情况与预算的差异，以此对各业务部门或有关人员的工作业绩进行考核。同时，这样的比较也能用来评估预算编制的质量。这是因为某些差异并不代表实际工作业绩，而可以反映出预算本身的问题。通过比较，可以掌握实际情况，有利于下期预算编制工作水平的提高。

4. 考核依据

财务预算也是各部门工作的考核依据。作为企业财务活动的行为标准，预算能够让各项活动的实际执行有章可循。预算所树立的标准，能够作为不同部门责任考核的依据。预算目标经过分解落实后，可以同部门、员工的责任业绩考评相结合，成为评估绩效、提供激励的标尺。

5. 回避风险

财务预算着眼于整个企业的资金运用，能够重点指导企业的筹资策略，对企业的财务结构做出合理安排。例如，在企业拥有的各类资产中，流动资产过多，将会导致流动性过强而盈利能力被削弱；同样，企业短期负债的资本成本较低，但对应带来的财务风险较大。因此，财务预算的作用在于处理好资产结构中的系统性风险。

同时，财务预算的核心内容是现金流量预算。现金流量预算通过对现金持有量的安排，能够让企业保持较高的盈利水平，同时能根据企业资产的运用水平，选择良好的负债种类和期限结构。

4.2　财务预算的分类

财务预算的内容，通常包括现金流量预算、利润预算和资产负债预算。根据分类对财务预算进行了解和分析，能更好地把握预算工作的重点。

4.2.1　现金流量预算

现金流量预算，简称"现金预算"或"现金收支预算"，是企业以日常经营活动预算和投、筹资活动预算为基础，编制的体现现金收支情况的预算。

现金预算是财务预算体系的中心预算，综合反映了企业预算期现金流转的情况。通过现金预算，企业能够明确预算期内所需资金的总额，可以有效控制现金的使用，并根据需求预先安排筹资的时间与数额，为有效投资和筹资提供时间与数量的依据。

现金预算的编制，通常采用现金收支法。现金收支法又名直接法，即直接以预算期发生的现金流入量扣除现金流出量，确定预算期现金余缺，并据此制订预算期的融资计划，调整现金期末余额。

1. 现金预算的作用

编制现金预算，应针对以下目标发挥作用。

（1）编制现金预算，可以确定企业未来出现现金过剩或短缺的时期，使得企业财务管理人员能将暂时过剩的现金转入投资，或在现金短缺时期到来前安排融资。

（2）编制现金预算，能预测未来时期企业对到期债务的直接偿还能力。

（3）编制现金预算，能区分可延期与不可延期支出，保证企业的财务信誉，同时使企业具备良好的财务灵活性和适应能力。

（4）编制现金预算，能对企业其他部门的计划如销售额预算等提出改进建议。

2. 现金预算的内容

采用现金收支法编制现金预算时，现金预算通常应包含以下内容。

（1）预算期现金收入，主要指经营业务活动所产生的现金流入，包括预算期期初现金余额和预算期计划经营现金收入。其中，预算期计划经营现金收入包括计划收回的应收账款、应收票据的兑现和贴现、现销收入等。其计算公式如下：

预算期现金收入 = 预算期期初现金余额 + 预算期计划经营现金收入

（2）预算期现金支出，主要指经营业务活动所产生的现金流出，包括偿还应付账款、采购直接材料，支付直接人员费用、制造费用、经营费用、管理费用和财务费用等；此外，还包括缴纳税金、分配股利、投资活动等资本性现金支出。

（3）预算期内的现金余缺，主要指现金的余额或短缺，即现金收入与支出的差额。当现金收支差额超过企业库存现金的限额时，称为现金盈余；当现金收支差额小于企业库存现金的限额时，称为现金短缺。

3. 现金预算的编制步骤

现金预算的编制是建立在现金流量预测基础上的。预测时间越长，所得的预测结果往往越粗略。因此，现金预算编制时期的选择宜短而不宜长。通常情况下，现金预算应按月来编制，如果企业生产、销售等经营状况较为稳定，现金比较充裕，编制的期间也可以适当延长，例如按季度、半年甚至一年进行编制。此外，现金预算所选择的项目越具体越好。对其中某些现金流入和流出项目，应进行重点分析；对重要的项目，应予以充分关注；对一般项目和次要项目，则可以汇总反映。

采用现金收支法编制现金预算的基本步骤如下。

（1）运用科学合理的方法，计算确定现金最低余额。

（2）对预算期内的现金流入量进行估计，其中最重要的包括以下两项内容。

①销售产品而取得的现金数量，根据销售预算及其应收账款比率分析确定。

②应收账款的回收，根据应收账款发生的时间、信用期限、账龄分析进行计算确定。

（3）对预测期内的现金流出量进行预测，分为以下两个部分。

①常规性支出部分，如每月应支付的薪资、水电费等。这些数字相对稳定，可按基础期水平予以确定。

②非常规性支出部分，即各期之间存在显著差异的项目，如预算期内是否集中采购原材料、是否增添新设备等。

（4）根据预测的现金流入量和流出量，计算预算期内的现金流量净额。其计算公式如下：

$$现金流量净额 = 现金流入量 - 现金流出量$$

如果现金流量净额为正值，则表明流入量大于流出量，即能够做到收支相抵，不需要动用企业现金储备。反之，如果现金流量净额为负值，则表明现金流入量小于流出量，即需要动用企业的现金储备或进行融资。此时，就应进一步分析企业是否有发生现金流转危机、偿债危机的可能性。

（5）计算预算期期末的现金存量。其计算公式如下：

$$预算期期末现金存量 = 预算期期初现金存量 + 现金流量净额$$

（6）将现金最低余额与预算期期末现金存量比较，计算现金需要量。其计算公式如下：

$$现金需要量 = 现金最低余额 - 预算期期末现金存量$$

使用现金收支法编制的现金预算表如表4.2-1所示。

表4.2-1　使用现金收支法编制的现金预算表

项目	上旬	中旬	下旬	合计
现金流入				
销售收入				
应收账款回收				
固定资产出售				

续表

项目	上旬	中旬	下旬	合计
对外投资收入				
其他收入				
现金流出				
购买原材料				
支付工资				
销售费用				
税金				
其他支出				
现金流量净额				
累计现金流量净额				
预算期期初现金存量				
现金流量净额				
预算期期末现金存量				
现金流余额				
现金需要量				

4.2.2 利润预算

利润预算，是指以目标利润为出发点，以货币形式综合反映预算期内企业经营活动成果的利润计划。利润预算可以被看作企业利润的年度计划。

1. 利润预算的作用

利润预算围绕企业的目标利润，能产生以下重要作用。

（1）计划和协调整个企业下属各个部门的主要活动，如生产部门的产量、销售部门的销量等。

（2）企业可根据利润预算，考虑业务活动的经济效果是否达成目标。如无法达成，可要求各个部门修改经营和行政工作计划。

（3）企业可依据利润预算，下达各部门的任务目标。

（4）企业可依据利润预算，对各个部门的经营计划和活动进行参与和控制。

2. 利润预算的管理流程

利润预算的管理流程，包括建立利润预算体系、预算实施与控制以及预算评估三个步骤，如图4.2-1所示。

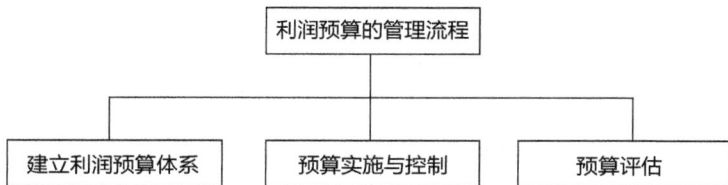

图 4.2-1　利润预算的管理流程

（1）建立利润预算体系。利润预算体系的建立，是由企业管理者根据对市场信息和资源等方面的科学预算，确定利润预算目标，编制预算方案的过程。在该方案范围内，由预算管理部门起草利润预算的具体内容。

（2）预算实施与控制。预算实施与控制以一线业务部门为中心，制订并颁布各种预算管理报告书，利用信息技术，对利润预算实施过程进行严格的监督和控制。

（3）预算评估。预算评估主要通过分析预算与实际结果的差异，明确差异产生的原因和责任，以指导下一次预算的调整。

在利润预算的管理流程中，必须遵循利润目标明确、全面完整、管理者参与、预算教育、弹性适用、意见沟通和追踪考核等原则。

3. 利润预算的编制方法

选择正确的利润预算编制方法，不仅能提高利润预算实行的效率，还能促使企业为达成利润预算目标而有效进行生产经营活动，并根据利润预算执行情况，对企业经营效果进行考核。

（1）利润预测法。利润预测法，是对企业未来某一时期能实现的利润进行预计和测算的方法。利润预测需要根据影响企业利润变动的各种因素，预测企业将来所能达到的利润水平；或按实现目标利润的要求，预测需要达到的销售量或销售额。

企业的利润包括营业利润、投资净收益和营业外收支净额三部分，利润预测法也主要指向这三部分利润。利润总额中，通常营业利润所占比重最大，因此，营业利润是利润预测的重点，其余部分则可以采用较为简便的方法进行预测。

利润预测法主要有以下三种。

①盈亏平衡分析法，又称为损益平衡分析法。该预测方法主要根据成本、业务量和利润三者之间的变化关系进行利润预测，也可用于成本和业务量预测。该预测方法以成本总额研究为基础，需要考虑企业的变动成本、固定成本和混合成本。

盈亏平衡分析法主要的预测公式如下：

利润 = 销售收入 − 总成本 = 销售收入 − 变动成本 − 固定成本

息税前利润 =（单价 − 单位变动成本）× 销售量 − 固定成本

②相关比率法。该预测方法主要根据利润与有关指标之间的内在关系，对预算期间的利润进行预测。常用的相关比率包括销售收入利润率、资金利润率等。其主要预测公式如下：

利润 = 预计销售收入 × 销售收入利润率

利润 = 预计平均资金占用额 × 资金利润率

③因素测算法。该预测方法在基期利润水平之上，根据预算期间影响利润变化的各项因素，预测企业计划期间的利润额。影响利润的主要因素，通常包括销售量、销售价格、变动成本、固定成本总额、所得税税率等。其计算公式如下：

利润 = 基期利润 ± 计划期各种因素的变动而增加或减少的利润

（2）直接计算法。该预测方法是根据预算收入、预算成本费用和预算税金，直接计算出利润的方法。它需要计算不同营业项目的预算利润并汇总。其计算公式如下：

利润 = 预算收入 − 预算成本费用 − 预算税金

（3）指标计算法。该预测方法利用相关指标预测利润，如利用营业收入利润率、费用率等进行利润预测。

（4）保本点计算法。该预测方法是在保本点分析的基础上进行利润预测的方法。其计算公式如下：

$$利润 =（预算营业收入 - 保本点收入）\times 毛利率$$

4. 利润预算表

利润预算表如表4.2-2所示。

表4.2-2　利润预算表

项目	月份												合计
	1月	2月	3月	4月	5月	6月	7月	8月	9月	10月	11月	12月	
一、主营业务收入													
减：主营业务成本													
减：主营业务税金及附加													
二、主营业务利润													
减：管理费用													
减：销售费用													
减：财务费用													
三、营业利润													
加：其他业务利润													
加：投资收益													
加：营业外收支净额													
减：营业外支出													
四：利润总额													
减：所得税													
五、净利润													
整体分析结论													
建议和方向													

根据表4.2-2，企业能进一步理清利润预算表的编制思路。

4.2.3 资产负债预算

资产负债预算，主要用于反映预算期企业生产经营活动结束时，企业所拥有的全部资产总和、负债程度、偿债能力、所有者权益等情况。其主要内容包括资产预算和负债预算两个方面。

1. 资产负债预算的内容

（1）资产预算。资产预算主要指企业资金的占用预算，由固定资产预算和流动资产预算两部分组成。固定资产主要指企业厂房、设备和其他生产设施的账面净值。流动资产主要指原材料和配件的库存价值、产成品的库存价值、债权（包括预算期末能收回的销售收入部分）、购买的有价证券价值和现金量。

（2）负债预算。负债预算主要指企业资金的来源预算，主要由自有资金预算和外来资金预算两部分组成。自有资金包括注册资金、盈余公积、利润留存（未分配利润）和企业税后净利润等。外来资金主要指银行的长期贷款、中期贷款和透支贷款等。

2. 资产负债预算表的编制

资产负债预算表是在预算期期初资产负债表的基础上，依据企业编制的经营预算、长期投资预算、筹资预算、现金预算、利润和利润分配预算等资料分析和编制而成的。

编制资产负债预算表的目的在于判断预算反映的财务状况的稳定性和流动性。企业通过分析资产负债预算表，能发现某些财务比率的问题，必要时应对有关预算进行修改，从而改善财务状况。

（1）编制流程。首先，企业预算编制部门在预算期期初资产负债表基础上，对企业已有相关资料的数据进行观察与认证，其中包括经营预算、长期投资预算、筹资预算、现金预算、利润和利润分配预算等。然后，由部门负责人对资产负债预算表进行审核，再报送企业总经理或总裁审批。最后，由企业预算审核小组审核确定、执行和监控以及评估。

（2）表格模板。资产负债预算表模板如表 4.2-3 所示。

表 4.2-3　资产负债预算表

公司名称：　　　　　　　　　　　日期：　年　月　日　　　　　　　　　　单位：元

资产类	年初数	期末数	负债及权益类	年初数	期末数
流动资产：			流动负债：		
货币资金			短期借款		
短期投资			应付票据		
应收票据			应付账款		
应收股利			预收账款		
应收利息			其他应付款		
应收账款			应付工资		
预付账款			应付福利费		
应收补贴款			应付股利		
其他应收款			应交税金		
存货			其他未交款		
待摊费用			预提费用		
一年内到期的长期债券投资			预计负债		
其他流动资产			一年内到期的长期负债		
流动资产合计			其他流动负债		
长期投资：			流动负债合计		
长期股权投资			长期负债：		
长期债权投资			长期借款		
长期投资合计			应付债券		
其中：合并价差			长期应付款		
固定资产：			专项应付款		
固定资产原价			其他长期负债		
减：累计折旧			长期负债合计		
固定资产净值			递延税项：		
减：固定资产减值准备			递延税款贷项		
工程物资			负债合计		

续表

资产类	年初数	期末数	负债及权益类	年初数	期末数
在建工程			少数股东权益		
固定资产清理			所有者权益或股东权益:		
固定资产合计			实收资本		
无形资产及其他资产			减：已归还投资		
无形资产			实收资本净额		
长期待摊费用			资本公积		
其他长期资产			盈余公积		
无形资产及其他资产合计			其中：法定公益金		
递延税项：			未分配利润		
递延税款借项			所有者权益合计		
资产总计			负债及权益合计		

单位负责人：　　　　　　　　财务负责人：　　　　　　　　制表人：

4.3　财务预算的编制

财务预算的编制，是指企业根据自身经营目标，科学合理规划、预计和预测未来的经营成果、现金流量增减变动和财务状况，形成财务会计报告，系统反映有关数据的过程。了解这一过程，需要从编制的原则出发，探究其流程与步骤。

4.3.1　财务预算编制的原则

财务预算编制的原则包括五点，如图4.3-1所示。

图4.3-1 财务预算编制的原则

1. 应用性原则

在编制预算过程中，应保持成本意识。编制者不能仅追求表面的华丽精细，而不计成本，导致得不偿失。这要求财务预算编制必须充分考虑应用性，选择关键因素，而不能试图对所有项目都采取同样严密的控制措施。推行财务预算管理过程中发生的成本，也不能大于因为缺少监控而会失去的收益。

2. 市场性原则

财务预算编制和控制过程，应该适合企业、部门、岗位和产品、项目的实际情况，符合企业所在市场环境的要求，而不能完全照搬其他做法。如果离开了具体、特定的市场环境，财务预算的编制和控制效果就会难以体现。

3. 体制性原则

财务预算的编制，应建立有效体制，使各部门意见都能通过财务预算追踪体现出来，而避免让财务预算的编制仅成为"纸上谈兵"。财务预算的编制应该将每个部门和员工都纳入统一流程，使其具有充分的合作精神，从而体现出预算的集体努力过程，而并非某个部门、某个人的单一活动。

4. 量力而行原则

在企业财务预算管理过程中，应坚持"有多少钱，办多大事"的原则。预算编制者和管理者应充分考虑企业财务负债风险管理的意义，既应通过负债合理拓宽资金范围，也应考虑企业偿还能力，杜绝没有资金来源的预算和债务风险过大的预算。

5. 权责明晰原则

现代预算管理应强调责、权、利相协调，确保企业所有者、经营者、各个部门乃至各岗位员工都能明确自身的权限空间，细化落实预算，从而科学管理企业，提高效益。

根据上述原则进行筹划后，预算管理和编制团队有了依据，即可按照一定的方法编制预算。

4.3.2 财务预算编制的步骤

企业编制财务预算，通常应按照"上下结合、横向协调、逐级汇总"的原则推进。

1. 制订年度计划

财务预算编制的基础是计划。财务预算能促使企业的各级管理者提前制订计划，避免企业盲目发展而面对不必要的经营和财务风险。只有事先制订企业下一年年度计划，各部门才能根据计划编制具体预算。

2. 下达目标

在年度计划确定后，企业管理者应根据企业发展战略和预测的市场形势，提出下一年度企业的财务预算目标，包括营业额、毛利润、净利润、费用额、现金流量等。

3. 召开预算说明会

以企业财务部门作为主导单位，在预算编制开始前，召开预算说明会。通过预算说明会，向各部门说明预算编制和审核原则，并向各部门下发收入、费用、利润等历史实绩数据、不同的预算表格、各科目的编列说明等。

4. 编列单位预算

各预算执行部门，应按照其自身的年度工作计划以及企业的财务预算目标，分项目、月份编列出自身的详细预算，并上报给企业预算管理部门。

5. 召开预算协调会

企业预算管理部门对各部门上报的预算进行审核与汇总，并召开预算协调会。召开预算协调会的目的在于修改错误的预算编制、调整有疑问或不合理的预算编制。预算协调会后，由各部门根据会议要求，开展预算调整工作。如果从中发现新的问题需要协调，企业预算管理部门应继续召开预算协调会，直到解决完所有问题为止。

6. 预算确认

在企业预算管理部门与各个部门共同确认财务预算目标后，由财务部门编列现金预算表、利润预算表等，正式形成企业年度财务预算草案，提交企业管理层批准。

7. 下达执行

企业财务部门将管理层或董事会批准的年度财务预算方案下达到各个预算部门执行，并将之作为下一预算期预算目标与实际情况的分析基础。

4.4　财务预算的编制方法

企业的财务预算可以根据滚动预算、固定预算、弹性预算、增量预算和零基预算等不同的预算项目来编制。

4.4.1　滚动预算法

滚动预算，也称为连续预算，即在编制预算时将预算期与会计年度脱离，随着预算的执行，不断加以延伸补充。在滚动预算法中，预算与预算连续补充，表现出预算之间的紧密联系，而会计年度为 12 个月，每过去 1 个月，即可根据新形势调整和修订今后几个月的预算，并在原有预算的基础上补充未来 1 个月的预算。这样，企业就能以滚动预算的形式，持续规划未来经营活动。

滚动预算的基本做法是保持预算期 12 个月，每过 1 个月或 1 个季度，就在期末立即增加 1 个月或 1 个季度，从而使预算在任何时候都保持 12 个月，因此被称为连续预算。

滚动预算执行过一个周期后，即可根据前一个周期的经营成果，结合执行中发生的变化等信息，对剩余的周期加以修订，并自动后续一个周期，重新编制一年的预算。这样逐期向后滚动，连续不断地以预算的形式规划未来的经营活动。滚动预算周期编制过程如图4.4-1所示。

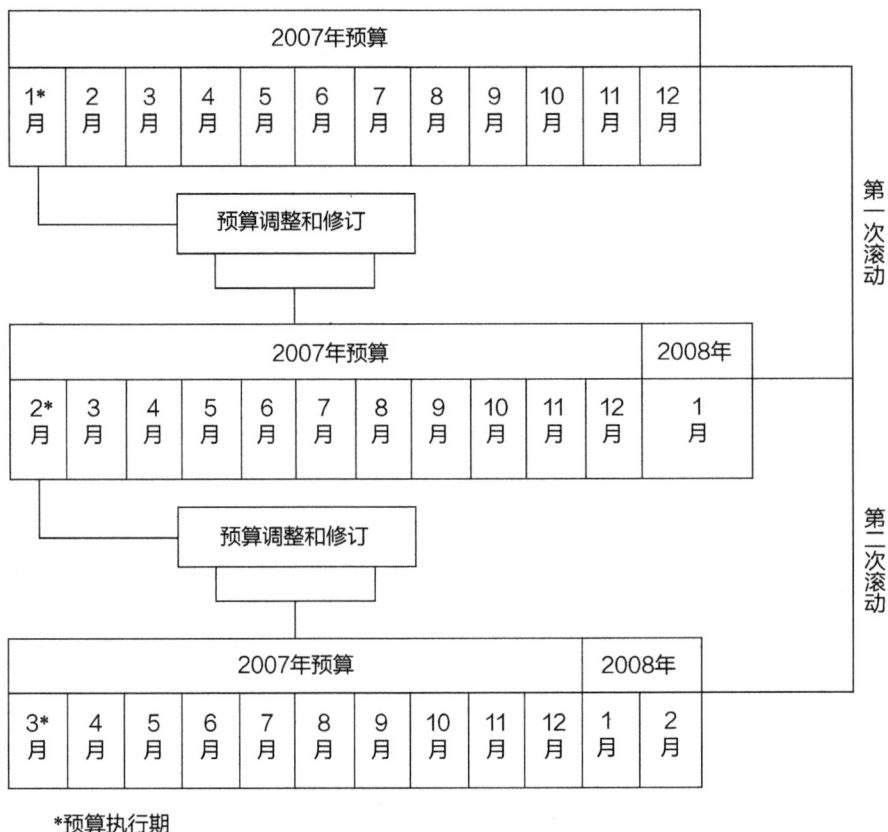

图4.4-1　滚动预算周期编制过程

图4.4-1所示的滚动预算周期编制过程，能帮助企业更好地理解滚动预算周期的特性和价值。

滚动预算按滚动时间周期可分为四类，如表4.4-1所示。

表 4.4-1 滚动预算分类

序号	类别	具体内容
1	年度滚动预算	这类预算，数据只滚动到当年年末。例如，现在已经是三月了，那么前两个月的实际经营结果已经产生了，只要将后十个月的经营情况预测出来就可以了
2	12 个月滚动预算	这种预算是 12 个月的滚动预算，向后滚动 12 个月，也就是滚动预测到下年度二月的经营情况
3	多年度滚动预算	一般是三年度和五年度的滚动预算，也可由管理者自行设计向前滚动的时间
4	月度/周度滚动预算	以周为单位的滚动预算，其实是对月度滚动预算的有效补充。例如，在一个月开始前一周，开始预测下一个月整月的经营情况，到了下一个月开始时，则每周调整预测，直至当月的最后一周。经过四到五次的预测之后，在最后一周的预测结果就应该与当月的财务报告相差无几了

表 4.4-1 所示的滚动预算分类，体现出了年度、12 个月、多年度和月度/周度滚动预算方式的不同内容。

滚动预算最能体现财务人员对会计信息的组织能力，以及企业各组织机构对企业运营结果的掌控能力，在管理上比较精细。对资源的运用效率较高的企业会采用周度滚动预算。

滚动预算可以避免传统常规预算的盲目性、不变性和不连续性。从这个意义上说，预算不再是在年底完成的工作，而是与日常管理密切相关的一项措施。

4.4.2 固定预算法

固定预算法又称静态预算法，是按照预算期内可能实现的经营活动水平确定相应的固定预算数来编制预算的方法，即以预算期内正常的、可能实现的某一业务量（如生产量、销售量）水平为固定基础，不考虑可能发生的变动因素而编制预算的方法。它是最传统、最基本的预算编制方法。

1. 固定预算法的优缺点

固定预算法的优点是简便易行，其缺点如下。

（1）过于机械呆板。因为编制预算的业务量基础是事先假定的某一个业务量，不论预算期内业务量水平可能发生哪些变动，都只把事先确定的某一个业务量水平作为编制预算的基础。

（2）可比性差。这是固定预算法的致命弱点。当实际的业务量与编制预算所根据的预计业务量存在较大差异时，有关预算指标的实际数与预算数就会因业务量基础不同而失去可比性。因此，按照固定预算法编制的预算不利于正确地控制、考核和评价企业预算的执行情况。

2. 固定预算法的适用范围

一般来说，固定预算法只适用于业务量水平较为稳定的企业或非营利组织编制预算。

3. 固定预算法的应用

某企业年度生产计划及工时计划如表4.4-2所示。

表4.4-2 某企业年度生产计划及工时计划

产品名称	预测销量（件）	期初库存（件）	预计期末库存（件）	计划产量（件）	单位产品工时定额（小时）	计划产量总工时（小时）
甲产品	1 160	200	40	1 000	60	60 000
乙产品	4 200	500	300	4 000	80	320 000

该企业可以结合自身特点，利用表4.4-2开展固定预算工作。

（1）材料费用预算。材料费用预算一般以生产计划和单位产品消耗定额及材料计划单价为基础并考虑实现各项措施所降低的节约额加以计算。表4.4-3所示为某企业材料费用预算。

表4.4-3 某企业材料费用预算

项目			A材料	B材料	辅料	合计
单价（元）		1	8	3		
甲产品（计划1 000件）	消耗定额	2	3	6		
	费用定额	3＝1×2	24	18	1.2	43.2
	定额耗用量	4＝2×计划产量	3 000	6 000		
	定额费用	5＝3×计划产量	24 000	18 000	1 200	43 200

续表

项目		A 材料	B 材料	辅料	合计
乙产品 (计划 4 000 件)	消耗定额	6	5	8	
	费用定额	7 = 1×6	40	24	2	66
	定额耗用量	8 = 6×计划产量	20 000	32 000	
	定额费用	9 = 7×计划产量	160 000	96 000	8 000	264 000
基本车间一般耗费		10			2 000	2 000
修理车间耗费		11			9 200	9 200
合计		12 = 5+9+10+11	184 000	114 000	20 400	318 400

利用表 4.4-3，该企业可对材料费用进行精准预算。

（2）工资预算。企业工资预算的编制因工资制度的不同而采取不同的方法。在计件工资制度下，生产工人的工资属于变动费用，可按生产预算需要的工时数和小时工资率直接编制；在月工资制度下，工资费用是固定费用，只能依靠职工在册人数、出勤率、平均日工资额等数据进行编制。表 4.4-4 所示为某企业工资预算。

表 4.4-4　某企业工资预算

项目		年度计划产量 总工时（小时）	小时 工资率	年度计划工资 总额（元）	提取福利费 （14%）（元）	合计 （元）
基本车间	生产工人	380 000	2	760 000	106 400	866 400
	管理人员			10 000	1 400	11 400
修理车间人员				16 000	2 240	18 240
行政管理部门人员				30 000	4 200	34 200
合计				816 000	114 240	930 240

根据表 4.4-2 和表 4.4-4，该企业可分析得知以下数据情况。

基本车间工资分配率 = 866 400 ÷ 380 000 = 2.28

甲产品应分配额 = 60 000 × 2.28 = 136 800（元）

乙产品应分配额 = 320 000 × 2.28 = 729 600（元）

（3）制造费用预算。一般大中型企业都设置辅助生产车间，其发生的费用应按一定的方法分配到受益单位的产品成本费用中，所以在编制制造费用预算时，首先要编制辅助生产车间费用预算。该预算多按成本项目编制，多个项目指标的确定可依据不同的情况处理。

①有消耗定额的，可根据计划业务量、单位产品消耗定额和计划单价计算。例如材料消耗应按所提供的产品或劳务数量、单位产品或劳务所耗材料和材料计划单价计算。

②凡有规定费用开支标准的，按标准计算。例如劳动保护费可根据车间享受人数和规定的标准计算。

③凡没有消耗定额和费用开支标准的费用项目（如低值易耗品）或车间固定费用性质的项目（如办公费），可根据上期实际数和预算期节约费用的要求确定。

④凡是其他预算资料中有现成资料的（如工资），可直接采用。

在编制完辅助生产车间费用预算后，应把全部费用分配给各受益单位。分配方法是先计算辅助生产车间所提供的产品或劳务的计划单位成本，再根据各受益单位所需要的计划产品和劳务数量，计算各受益单位应分配的辅助生产车间费。

固定预算法适用于编制相对稳定的预算，一般在计划和实际不会有较大出入的情况下，可采用固定预算法。固定预算法的计算比较直接，也比较简单，但企业生产经营状况受主观条件影响很大，不确定的因素很多，经常发生变动，使预算的作用受到了限制。

4.4.3　弹性预算法

弹性预算法又称变动预算法、滑动预算法，与固定预算法相反，是在变动成本法的基础上，以未来不同业务水平为基础编制预算的方法。弹性预算法以预算期间可能发生的多种业务量水平为基础，分别确定与之相应的费用数额而编制的、能适应多种业务量水平的费用预算。采用这种方法编制的预算能分别反映在各业务量的情况下所应开支（或取得）的费用（或利润）水平。

用弹性预算法来编制成本预算，关键在于把所有成本划分为变动成本与固定成本两大部分。变动成本主要根据单位业务量进行控制，固定成本则按总额进行控制。例如，成本的弹性预算公式如下：

成本的弹性预算 = 固定成本预算数 + $\sum$（单位变动成本预算数 × 预计业务量）

基于成本（费用）习惯的分类，弹性预算法的运用应基于业务量、成本和利润之间的依赖关系。考虑到在预算期间的业务量可能会发生变化，一组成本预算应适应于各种业务量，以便反映在各种业务量的情况下的成本水平。固定成本在相关业务量范围内保持稳定，预算范围内可按一定的预期业务量水平编制一套适用于任何生产经营水平的预算。随着业务量的动态调整，弹性预算法被广泛地灵活应用，因此也被称为灵活预算法或可变预算法。

1. 弹性预算法的优点

弹性预算法的优点有以下两个。

（1）预算范围宽。

（2）可比性强。弹性预算法一般适用于与预算执行单位的成本（费用）和利润有关的预算项目。

弹性预算法与固定预算法的对比如表4.4-5所示。

表4.4-5　弹性预算法与固定预算法的对比

定义	适用范围	优缺点
固定预算法又称静态预算法，是以预算期内正常的、可实现的某一固定业务量水平作为基础来编制预算的方法	一般适用于固定费用或者数额比较稳定的项目	①简便易行 ②过于呆板。不论预算期内业务量水平实际可能发生哪些变动，都只把事先确定的某一业务量水平作为编制预算的基础 ③可比性差。当实际业务量与编制预算所依据的业务量存在较大差异时，有关预算指标的实际数与预算数就会因业务量基础不同而失去可比性
弹性预算法是在按照成本（费用）习惯分类的基础上，根据本量利之间的依存关系，考虑到预算期间业务量可能发生的变动，编制出一套适应多种业务量的费用预算的方法，以便分别反映在各业务量的情况下所应支出的费用水平 编制弹性预算所依据的业务量可能是生产量、销售量、机器工时、材料消耗量和直接人工工时等	适用于与预算执行单位业务量有关的成本（费用）、利润等预算项目	预算范围宽、可比性强，能够适应经营活动情况的变化；扩大了预算的范围，能更好地发挥预算的控制作用；避免了在实际情况发生变化时，对预算进行频繁的修改；能使预算对实际执行情况的评价与考核建立在更加客观可比的基础上

通过表 4.4-5 可知，利用弹性预算法与固定预算法两种方法，能得到不同的预算效果。

2. 弹性预算的编制方法

（1）选择和确定各种经营活动的消耗量计量单位、人工工时、机器工时等。不同部门应注意选用最能代表本部门生产经营活动水平的业务量计量单位。

例如，以手工操作为主的车间部门，应选用人工工时；制造单一产品或零件的部门，应选用实物数量；制造多种产品或零件的部门，可以选用人工工时或机器工时。如果是以修理工作为主的部门，则可以选用直接修理工时等。

（2）确定相关范围，并将其设定在正常生产能力的 70%～120%。在确定经济活动业务量时，应与各业务部门共同协调具体的设定数字，也可分别将历史资料中的最高业务量和最低业务量设为上、下限，再在其中划分若干等级。这样编制出的弹性预算较为实用。

（3）确定成本。以公式法为例，根据成本分析的方法，将企业成本分为固定成本和变动成本两类，并逐项确定各项费用与业务量之间的关系。确定成本的函数为 $y = a + bx$。

（4）确定预算期间各业务水平的预算金额。具体方法是计算各种业务量水平下的预测数据，并用一定的方式表示，形成某一项的弹性预算。

3. 弹性预算的表达方式

弹性预算主要利用多水平法和公式法进行表达。

（1）多水平法。该方法又称为列表法。采用多水平法，首先应在确定的业务量范围内，划分若干个不同的水平点，分别计算各水平点上的各项预算成本；然后经汇总后，列入同一预算表。业务量的间隔大小应能灵活调整，其间隔越大，水平级别则应越少，从而简化编制工作；其间隔越小，则控制成本越精确，但会增加编制的工作量。

多水平法的优点，在于无论实际业务量有多少，都不需要经过计算，即可明确与业务量相近的预算成本，能够直接、方便地控制成本。对于混合成本中的阶梯成本和曲线成本，也可以凭借其形态计算填列，而不必采取数学修正方法。

多水平法的缺点，在于需要使用插补法对实际业务量预算成本进行计算，较为麻烦。

（2）公式法。由于任何成本都可采用函数 $y = a + bx$ 来近似表示，因此可以先在预算表中列示固定成本（a）和单位变动成本（b），然后利用公式计算出任一业务量（x）的预算成本（y）。公式法计算的制造费用弹性预算如表 4.4-6 所示。

表 4.4-6　公式法计算的制造费用弹性预算

业务量范围	490~770	—
项目	固定成本（每月）	变动成本（每人工工时）
运输费		0.26
电力		1.20
消耗材料		0.21
修理费	1 000	0.8
油料	1 100	0.35
折旧费	4 400	
管理人员工资	1 600	
合计	8 100	2.82

公式法的优点，在于能直接计算任何业务量下的预算成本。但对于阶梯成本和曲线成本，应选择数学方法对其修正，以便于用 $y = a + bx$ 的函数来表示。必要时，应利用表格备注，说明当业务量超过一定范围时，需采用不同的固定成本和单位变动成本进行计算。

4.4.4　增量预算法

增量预算法，又称为调整预算法，是指在基期成本费用水平的基础上，充分考虑预算期内不同因素的变动，结合预算期业务水平和有关降低成本的措施，对原有成本费用项目进行编制的预算方法。

1. 增量预算法的特点

增量预算法从基期实际水平出发，将预算期的业务活动作为变量进行预测，再按比例测算收入和支出指标。这意味着应根据业务活动的增减，对基期预算的实际额度进行增减调整，确定预算期收支预算指标。

增量预算法的优点和缺点如下。

（1）优点。编制方法简便易行、便于理解。由于参考了上年度预算的实际执行情况，收支预算容易得到企业内部各级、各部门的理解和支持。

（2）缺点。由于增量预算法认定企业上一预算期的经济业务活动在新的预算期内仍然发生，而过去曾发生的数额都是合理而必需的，所以可能会使预算管理者持保守态度，将一些不必要的开支合理化。同时也容易使预算部门形成等待思维，滋生不必要的平均主义，不利于调动不同部门增收节支的积极性，不利于企业长期发展。

2. 增量预算法的应用

增量预算法是一种较为传统的预算编制方法，通常适用于经营活动变化较大的企业或普通企业经营管理活动。

此外，该方法也经常用于成本费用的预算编制，尤其适用于产出较难直接量化的服务性部门费用预算的编制，并与零基预算法结合使用。

某企业销售费用预算如表4.4-7所示。

表 4.4-7　某企业销售费用预算

序号	明细项目	2020 年实际 发生额（千元）	2021 年增减 比率（%）	增减额 （千元）	2021 年预算 指标（千元）
一	固定费用小计	15	0	0	15
1	销售管理人员工资	3	0	0	3
2	租赁费	7	0	0	7
3	固定资产折旧费	3	0	0	3
4	其他固定费用	2	0	0	2
二	变动费用小计	50	10	5	55
1	销售人员工资	10	10	1	11
2	运输费	10	10	1	11
3	差旅费、会务费	5	10	0.5	5.5
4	广告宣传费	15	10	1.5	16.5

序号	明细项目	2020年实际发生额（千元）	2021年增减比率（%）	增减额（千元）	2021年预算指标（千元）
5	业务招待费	5	10	0.5	5.5
6	其他变动费用	5	10	0.5	5.5
三	合计	65	10	5	70

结合表4.4-7，在采用增量预算法编制销售费用预算表时，具体的步骤如下。

（1）分析成本特性，区分固定成本与变动成本。

（2）固定成本采用固定预算法确定预算指标，变动成本采用增量预算法确定预算指标。该企业销售费用的变动费用包括销售人员工资，运输费，差旅费，会务费，广告宣传费，业务招待费等，通过表格汇总确认后，使用增量预算法，在基期实际发生额基础上，计算出预算期的预算指标。

（3）将固定成本和变动成本汇总，明确费用指标明细，确定销售费用的预算总额。

4.4.5　零基预算法

零基预算法，是指在编制预算时，完全不对以往费用支出的实际水平予以考虑，而是假定之前的费用支出为"零"，选择一切从零开始编制预算的方法。

零基预算需要根据预算期的实际需要和可能，对各预算项目开支进行逐项审定，明确其必要性和数额。

1. 零基预算法的特点

零基预算法与普通预算法有明显不同。零基预算法并非在现有费用支出水平上规划预算期各项开支数额，而是以零为起点，对每个费用项目进行成本效益分析。同时，按重要程度，对费用项目进行排序，以便对企业有限的经营资源进行优化、分配和高效配置。

零基预算法与增量预算法的对比如表4.4-8所示。

表 4.4-8　零基预算法与增量预算法的对比

对比项	零基预算法	增量预算法
起点的对比	以零为起点，以科学预测、实际需要作为预算编制的依据	以基期预算为起点，以基期预算执行结果、经营条件变化作为预算编制的依据
成本效益分析的对比	只对新的、未开展过的业务活动进行成本效益分析，对过去已进行的业务活动不再做成本效益分析	对预算期可能发生的一切业务活动都进行成本效益分析
对项目评价的对比	如预算期业务量变化较小，可按基期预算执行 如预算期业务量变化较大，可按业务量增减比例调整预算金额	应对各个业务项目逐个进行估算分析，对其经济效果予以评价，并在此基础上，按项目轻重缓急分配预算资金

通过分析表 4.4-8，企业可了解到零基预算法的特点，同时可明确该预算方法的优点和缺点。

（1）零基预算法的优点主要包括以下几点。

①不受现有费用项目的限制、先行预算的束缚，能最大限度杜绝不必要的费用开支，有利于企业降低成本费用支出。

②有利于调动各方面节约费用的积极性，能合理有效地推动资源配置。

③有利于促使各基层单位精打细算，充分发挥不同部门岗位人员的积极性和创造性，合理使用资金，提高资金使用效率。

（2）零基预算法的缺点表现为工作量较大、编制预算的成本较高。

结合上述特点，零基预算法适用于管理基础工作较好的企业，或企业内部的职能管理部门。

2. 零基预算的编制程序

零基预算的编制程序，可分为以下四个步骤。

（1）企业各部门根据预算总目标、本部门具体预算目标，确定费用开支项目，并就每一费用项目详细说明开支的性质、用途和必要性，确定开支具体数额。

（2）预算编制部门对每一费用项目进行成本效益分析，将每一费用项目的支出和收益进行比较，并将对比结果用来衡量和评价费用项目的经济效益，据此判断各费用项目的重要程度和开支先后顺序。

（3）预算编制部门将预算期实际可运用资金，按各费用项目先后顺序，在各项目之间进行选择分配。在分配资金时，应注意确保重点、兼顾一般。同时，也应根据预算项目的层次、等级和次序，按照预算期可以动用的资金和来源，依据项目的轻重缓急次序分配资金，落实预算。

（4）编制并执行预算。资金分配方案确定后，进一步制订零基预算正式稿，经企业领导层批准后下达执行。执行中，如出现偏离预算之处，应及时予以纠正；如出现特殊情况，应及时修正；如出现预算本身问题，应找准原因，总结经验并加以解决。

第 5 章
年度经营计划落地与预算执行

企业利用不同方法制订年度经营计划和预算，其目的在于执行。无论是年度经营计划还是预算，一经批复下达后，企业内各部门、各预算执行单位就必须认真组织实施，落实到不同部门、环节和岗位，形成全方位的执行责任体系。

企业应将预算执行作为年度经营计划落地的重点监管环节，通过严格控制，降低预算支付风险，确保预算目标实现。

5.1 年度战略地图及目标分解

利用年度战略地图，可以为企业全面描述战略目标、年度经营计划及有效分解目标提供重要帮助，也有助于管理者和员工共同认识企业在发展中的目标和年度经营计划。

5.1.1 年度战略地图的输入识别

企业年度战略地图，是指在企业管理层引导下，从财务、客户、内部流程、学习与成长等多维度，对企业的目标进行定义，并将这一结果用一张因果关系逻辑图表示出来的战略地图。通过年度战略地图，不同目标之间相互促进，能有效明晰各个层面目标之间的因果关系，能完整描述企业的战略关系。

在编制和使用企业年度战略地图之前，应进行有效的年度战略地图输入识别。

输入识别，是确定企业年度经营计划的关键环节。无论是年度经营环境分析，还是年度竞争策略分析和企业发展战略，都需要通过输入识别后，形成年度战略地图的展示内容。这样才能确保企业从上到下所有员工都清楚企业应当做什么。

准确输入识别年度战略地图，企业即能获得更为完整、系统的运营方式，从而便利高效地审视战略目标和经营计划。

企业年度战略地图的输入识别，主要有以下工作内容。

1. 年度经营环境分析输入识别

企业年度经营环境分析，既包括企业外部环境分析，也包括内部经营状况分析。同时，针对内、外部环境分析的结果，应形成年度 SWOT 分析矩阵，确定年度经营策略。

企业在绘制年度战略地图时，必须对有关环境进行充分分析后，提出有效策略，并对策略实施措施进行识别。

2. 年度竞争策略分析输入识别

企业应结合对竞争对手、竞争策略、智能策略的系统分析，对与之有关的策略和计划进行识别，并将相关待实施和完成的项目纳入企业年度战略地图。

3. 企业发展战略输入识别

企业发展战略，是对企业未来五年乃至更长时间的规划。因此，企业在绘制年度战略地图并制订年度经营计划时，要对企业发展战略进行细化和实施。

5.1.2　如何绘制年度战略地图

企业年度战略地图，能够有效帮助企业描述战略、形成计划，因此其绘制工作非常重要。

1. 年度战略地图的基本构成

想要科学、精准地绘制年度战略地图，应首先明确企业年度战略地图的构成。企业年度战略地图的基本构成如表5.1-1所示。

表5.1-1　企业年度战略地图的基本构成

层面	内容
财务层面	需要达到何种财务目标，才能让股东满意
客户层面	达到何种财务目标，才能满足客户需求
内部流程层面	要设置何种内部流程，才能确保客户和股东满意
学习与成长层面	为达到目标，员工应如何学习与成长

通过分析表5.1-1企业年度战略地图的基本构成，企业能了解年度战略地图绘制的主要内容和方向，具体包括以下四点。

（1）财务层面。在该层面，企业需要从股东、出资人立场出发，设定为满足他们的期望而需要取得的财务成绩。

（2）客户层面。在该层面，企业应进行有效的市场细分，找准目标客户群体，并针对这些客户群体制订适当的市场目标。需要注意，客户对产品的满意度影响着市场占有率的实现情况，而这是完成企业财务目标的重要途径。

（3）内部流程层面。财务目标、客户目标的实现，离不开企业内部运营的高效和有序，因此，企业必须明确怎样的流程、决策和行动才能提高整体绩效。

（4）学习与成长层面。企业应根据战略要求和经营重点，建设符合企业战略要求的员工队伍。为此，企业应结合年度战略地图的绘制，对员工的知识结构、技能水平提出更高要求。

2. 年度战略地图的绘制

根据年度战略地图的前期输入识别，企业可以按照以下步骤进行年度战略地图绘制。

（1）确定股东价值差距。通常情况下，股东价值差距可能来自销售或利润的增长，也可能来自成本控制。

（2）调整客户价值需求。调整客户价值需求即对现有客户进行分析，再对客户价值主张进行调整。客户价值主张的调整大致分为以下类型。

①成本最低。企业应通过提高效率、降低费用等手段，使得企业整体运营成本达到最低，以满足客户需求。

②产品创新和领导。企业应通过不断创新，向客户提供领先的产品和服务。

③解决方案。企业不应只向客户提供单纯的产品或服务，而应提供全方位的解决方案。

④系统保障。企业不仅应提供产品、服务和解决方案，还应系统性地长期保障客户的需求和利益。

（3）确定流程。确定流程主要指明确企业内部关键流程，包括日常运营管理流程、客户管理流程、创新流程、外部流程等，以及确定企业短期、中期、长期的任务。

（4）学习和成长。这一层面的主要工作，是对企业现已具备的无形资产进行有效分析，明确自身是否已能支撑关键流程，并对其中不足之处寻找一定办法进行改进。

5.1.3　平衡计分卡与年度经营目标分解

年度经营目标是企业在计划年度中的总目标、总任务和总要求，应将年度经营计划分解成为具体目标、任务和要求。这种分解既可以在数量上，将总目标分解为多方面的具体目标和任务，也可以在时间上，将目标分解为多阶段的不同目标和任务。只有对年度经营目标加以分解，才能使年度经营计划具有充分的可操作性。

年度经营目标的分解，通常采用自上而下的方式逐层进行，形成部门的子目标，直至基层员工的目标，以实现年度经营计划。

在实践中，管理人员可以运用平衡计分卡这一工具，将企业年度经营目标同企业长期战略规划关联起来，并通过该工具，对年度经营目标进行分解。平衡计分卡可以在企业内不同层级渗透实施，从而将不同层级人员的目标与衡量指标、激励因素进行动态结合，使之与整个企业的战略目标保持一致。

从年度战略地图出发，利用平衡计分卡将企业年度经营目标分解为财务、客户、内部流程和学习与成长四个维度，并以此建立细化的绩效衡量指标。

1. 财务维度

财务维度体现企业年度经营目标对盈利的贡献程度，这一目标和企业盈利能力有关。处于不同成长阶段的企业，其各自财务目标有所不同，因此适合的年度经营分解指标也有所不同。

财务维度的主要分解指标如表 5.1-2 所示。

表 5.1-2　财务维度的主要分解指标

关键绩效指标	计算公式
总资产报酬率	净利润÷平均资产总额×100%
存货周转率	销售成本÷平均存货余额×100%
投资回报率	年利润÷投资总额×100%
销售目标达成率	实际直接销售收入÷计划收入×100%

关键绩效指标	计算公式
成本费用利用率	利润总额÷成本费用总额×100%
现金流动负债率	现金存款÷流动负债×100%
应收账款周转率	赊销收入净额÷平均应收账款余额×100%

利用表 5.1-2 所示财务维度的主要分解指标，企业可以利用平衡计分卡，从财务层面有效分解年度经营目标。

2. 客户维度

利用平衡计分卡的客户维度，管理者能充分了解自己的目标客户和市场目标。常见的客户维度关键绩效指标包括市场占有率、相对市场占有率、新客户开发率、品牌知名度或美誉度、客户满意度、潜在客户转化率等。

3. 内部流程维度

企业管理者可以利用平衡计分卡，抓住企业组织内部的关键流程，推动经营目标的实现，其中包括创新流程、日常运营流程和客户管理流程等。

创新流程，指通过了解客户需求，决定是否开发新产品或进行产品改进的流程。日常运营流程，指企业从接受客户订单，到生产、交货或提供服务的活动流程。客户管理流程，指企业开发、培养、获得和保有客户所进行的一系列活动，其中常见的流程评估指标有产品开发所用时间、成品率、次品率、返工率等。

4. 学习与成长维度

学习与成长维度，确立了企业长远发展的关键基础。平衡计分卡内前三个维度的成功，都离不开学习与成长维度的驱动，其中常见的评估指标包括员工满意度、员工保持率、员工忠诚度，以及员工培训满意度、员工晋升速度、员工轮岗速度等。

通过以上四个维度，应用平衡计分卡能对企业年度经营目标进行分解，并对企业相关绩效进行财务和非财务的综合评价。

5.2　年度经营计划实施的检查与评价

制订年度经营计划，是为了通过实施计划，实现年度经营目标。为此，企业应建立制度，从上到下对实施情况加以公正检查与科学评价，以便随时进行调整。

5.2.1　确立企业目标绩效管理体系

企业目标绩效管理体系，是将年度经营目标分解后形成的关键目标绩效作为对象，通过有机的管理流程和系统，及时监督、评价和指导企业内各级别员工的工作的管理体系。通过企业目标绩效管理体系，能充分调动员工工作积极性，发挥不同岗位优势，提高企业经营绩效，进而实现企业年度目标。

所谓目标绩效，是指企业在评估关键目标时，评估者和被评估者所需要的标准，有助于方便客观地讨论、监督和衡量每个岗位、部门的绩效。这些分支绩效目标和整个部门、组织的战略目标存在紧密关系。因此，确立了企业目标绩效管理体系，就能有效达到对年度经营目标的管理。

如何能确保目标绩效管理体系可有效推行？下面的方法值得企业学习。

1. 准确设计绩效管理内容体系

目标绩效管理的内容体系设计，包括绩效考核目标的设定。这一内容体系覆盖了需要考察的重点内容，支撑对部门和员工的绩效考核，其中包含以下三个重点方面。

（1）目标分解和职责分析。目标分解和职责分析主要为了衡量部门和员工业绩达成的关键价值，以提取员工的关键业绩、日常工作中的重要工作评价内容。

（2）考核指标。考核指标包括两个方面的重要信息来源，即企业的战略规划和员工的工作说明。

（3）目标设定。目标设定应结合历史数据、经营计划、组织发展需求等因素进行，设置的分解目标也同样应具备一定挑战性，其难度应在员工正常实现目标的难度之上。

2. 科学设计绩效管理程序体系

目标绩效管理的方式和过程，是目标绩效管理的落脚点。企业应重点从考核打分和评判机制、绩效考核结果的使用两个方面，对绩效管理程序体系进行阐述。

（1）考核打分和评判机制。建立考核打分和评判机制，应注意的主要原则如下。

①基础工作或基本管理体系，应及时体现出目标绩效管理的要求。

②应充分宣导绩效管理观念，避免主观因素在评价时占据主导地位。

③应对考核分数结果进行分级，采用直接排序、强制分布、缓和强制分布等方式，同时结合企业员工工作特点，制订考核结果分级计划。

（2）绩效考核结果的使用。在考核打分和评判完成后，应将绩效考核结果与员工收益直接挂钩，包括调薪幅度和奖金发放，分别直接对应业绩指标和能力指标。

5.2.2 目标绩效管理五步法

在目标绩效管理五步法理论中，目标绩效管理共分为五大步骤，如图5.2-1所示。

图5.2-1 目标绩效管理五步法

1. 构建战略地图

年度战略地图如同军事地图，能将企业愿景、战略、关键成功因素、行动方案和关键目标按因果流程关系体现在图纸上。战略地图能让企业年度经营计划一目了然，使组织战略的横、纵向沟通变得畅通，也能让企业的预算管理更为科学合理。

2. 制订绩效目标

制订绩效目标，需要逐一明确企业、部门、业务小组和岗位的绩效目标。为此，首先要制订关键绩效指标（Key Performance Indicator，KPI）和绩效合同。

关键绩效指标应能够保证企业、部门、业务小组和员工的目标在纵向和横向上保持一致。不同层次的关键绩效指标，能科学有效地分解战略地图。为此，需要保证以下两点。

（1）对年度目标和企业管理层、部门加以明确识别，使之分解到具体的管理层和部门。此时，应确定不同的分解目标应当具体由不同的高层管理者承担，并确定最终主导和负责的部门，从而突出承担者的责任。

（2）应找到不同的高层管理者和部门承担的年度目标主题。根据这些目标主题，确定支撑年度主题所需要的关键绩效指标。

3. 制订绩效计划

在年度目标绩效管理过程中，上、下级之间需要进行定期或不定期的沟通，此外，管理者还应在必要情况下进行指导，以帮助员工排除障碍。

为此，管理者应帮助本部门制订合理的绩效计划，并跟踪员工个人的绩效计划制订、实施和修正。绩效计划的制订，可以帮助部门和员工不断改进工作方法和提升工作技能，纠正出现的问题，从而完成绩效目标。

4. 绩效评估

绩效评估，是指根据部门和员工的绩效合同，采取不同方法和手段，收集信息和数据，并按照绩效的衡量标准，对部门和员工的实际绩效表现加以评价的过程。

想要保证绩效评估公平与合理，应确保绩效评估信息的充分和真实。为此，应从以下两个方面收集绩效评估数据。

（1）相关部门提供的数据，如销售额、销售成本、利润增长、新产品成长率、生产成本、产品合格率、员工满意度、客户投诉率等。

（2）主动收集的数据，如员工工作成绩记录表、异常信息反馈、工作检查记录等。

5. 运用绩效结果

运用绩效结果，主要是为了高效合理分配绩效薪酬，包括工资调整、绩效奖金分配、层级晋升、职位调整、教育培训、指导员工职业发展等。

5.2.3　年度经营计划实施的评价

企业在发展过程中，需要对不同的工作计划、工作战略进行评价，这是确保企业顺利发展、实现目标的决定性条件。

对年度经营计划实施的评价，包括对计划进展的检测、计划业绩的评估、计划决策的修正等，以期达到计划预期的目标。年度经营计划实施的评价主要包括考察企业年度经营计划的内在基础、将计划实际结果和预期结果进行比较、采取措施保证计划和行动一致等活动。

通常而言，进行年度经营计划评价时，应注意以下几个方面。

1. 检查年度经营计划的内容

企业应对年度经营计划进行检查，包括计划开展环境是否和企业内、外部环境一致，计划对资源的使用是否得当，计划涉及的风险程度是否能控制，计划实施的时间和进度是否恰当，计划是否可行等。

2. 依据标准评价年度经营计划

在对年度经营计划做出评价时，应坚持一定标准，具体标准如下。

（1）一致性。计划内容是否和企业的相关活动保持了一致性。

（2）合适性。计划实行过程中是否适应了企业内、外部环境。

（3）可行性。计划是否在企业内部现有的人力、财务、设备等制约因素下得到了应有的推行。

（4）可接受性。计划是否符合股东、客户、员工的利益和期望。

（5）优势性。计划是否为企业带来了应有的竞争优势，如较多的资源、较为有利的市场地位等。

3. 评价年度经营计划的方法

为有效评价企业年度经营计划，管理者应采用定性分析和定量分析结合的方式，建立计划的分析评价体系，定期对年度经营计划执行状况进行跟踪和分析。

企业应使用以下方法，对年度经营计划进行有效评价。

（1）战略分解法。根据企业的年度目标体系画出树形图。在树形图中，确立企业本年度的目标、使命和宗旨，从中引申出企业的年度经营计划。

（2）对比法。在同等基础上，进行有效的对比分析，包括计划实施前后的对比、计划预计和实际结果的对比等。通过对比，可以找出计划实施前后的变化和差距，分析总结其中的经验教训，提出改进方式。

（3）逻辑法。管理者可以根据年度规划和目标、计划的因果逻辑关系，画出框架图，对年度经营内涵进行分析，理清年度经营计划与目标、愿景之间的关系。

（4）层次分解法。管理者首先可以将定性分析和定量分析有效结合，根据问题的性质与目标，将评估计划分解为不同层次。随后按各因素隶属关系，从上而下进行排列，形成对应的层次结构，并计算不同层次结构内各要素的相对重要程度与权重。最后，对各层次评价出的数据进行分析，得出结果。

（5）因果分析法。在实施年度经营计划过程中，由于受主、客观因素的影响，计划实施过程中会发生一定偏差。在对年度经营计划进行评价时，应对各种影响因素进行评估，认真分析问题产生的原因，提出解决问题的措施。

5.2.4 年度经营计划的修正

人们常说"计划赶不上变化"，这意味着无论怎样的年度经营计划，都应该依据实际环境变化，及时进行修正和调整。同样，任何计划都不可能从最初就是完美无缺的，而必须在实践中不断修正才能日趋尽善尽美。

具体而言，在计划实践过程中，应及时发现年度经营计划的问题和漏洞，避免计划的不科学性而造成损失。一般情况下，企业年度经营计划的修正，应经过以下步骤。

1. 明确目标

在修正企业年度经营计划之前，应树立正确的目标。只有了解应达到的目标或状态，才能发现计划内的问题并加以解决。

2. 发现问题

管理者需要秉持正确态度，发现计划中的问题，掌握现状并关注可能存在的问题，辨别其具体种类和危害。

3. 分析问题产生原因

辨别问题产生的现象和原因，针对具体的问题点，找到真正原因，整理归纳其中每一项。

4. 确定要解决的问题因素

在该步骤中，依据问题分析结果，确定要解决的问题因素，将其中最重要的部分甄选出来并予以协同处理。

5. 确定对策

在该步骤中，确定针对问题产生原因内具体因素的对策，找出能减少负面影响的方法，寻求最合适的调整方式。

6. 拟定修正计划

在修正计划中，明确修改项目、负责人、内容、期限和修正顺序。

7. 执行修正计划

由具体负责人执行计划，从而改变原有计划的对应内容。管理者应随时了解执行状况。

8. 确认效果

通过该步骤，确定有问题的计划内容是否已经得到妥善更改和执行。如果问题依然存在，就要调查修正后的计划在执行中是否存在偏差，如果有，就需要重新调整修正。

5.2.5　年度经营风险管理

在经营过程中，企业难免会面临各种风险。年度经营计划的制正、修改和实施过程中，必须兼顾风险的各个方面。只有这样，才能确保企业活得更好、发展得更顺利。

为了更好地进行年度经营风险管理，应从以下方面着手认识和管理风险。

1. 企业内部经营风险

企业内部经营风险，通常有以下类型。

（1）人力资源风险，如核心员工对企业经营目标不认同、核心员工流失、激励不到位造成工作消极、人力资源供应不足导致岗位空缺、人力资源成本上升、员工技能不足导致问题等。

（2）技术风险，如企业对新技术、新工艺、新材料的理解与应用不足，产品更新滞后，研发投入不足等。

（3）财务风险，如现金、投资、融资、税务等风险。

（4）管理风险，如管理理念陈旧、手段创新不够、制度落后、管理变革失败等。

（5）法律风险，如经济合同风险、用工风险等。

（6）持续经营风险，如传承风险、竞争能力衰退风险、产品生命周期风险等。

2. 企业外部经营风险

企业外部经营风险，主要包括以下类型。

（1）自然环境风险，如各种自然灾害。

（2）经济环境风险，如经济危机、税务改革、经济结构调整、产业布局调整、法规政策调整等可能带来的负面影响。

（3）技术风险，如新技术、新材料、新产品的更替对企业经营造成的影响。

3. 年度经营计划的风险管理

企业在经营中，不可避免地要面对上述风险，因此，在年度经营计划中，需要采取相应的策略，健全风险管理机制。

年度经营计划能采用的风险管理机制，主要有以下策略。

（1）合法转嫁。例如，企业通过购买各种保险，可以将风险转嫁给专业保险公司。也可以通过联合经营投资方式，将财务风险等有效降低。

（2）回避。企业可以在年度经营计划中，通过和供应商、经销商等协作单位形成战略联盟，以回避共同面临的风险。

（3）降低。对于无法转嫁和回避的经营风险，企业应采取积极预防措施，降低风险发生的可能性，起码应减少发生风险后企业的损失。例如，加强对客户信用的调查和管理。

（4）组合。企业可以利用合作、加盟等方式，增加承担风险个体的数量以减少损失。

对于无法规避的风险，企业应在年度经营计划中列出预防措施，提前做好准备。

5.2.6 绩效管理与绩效合同

绩效管理，是指企业内不同层级管理者和员工，为达成经营计划目标而一起制订绩效计划，进行辅导沟通、考核评价、结果应用，最终实现计划目标的过程。

在绩效管理过程中，绩效计划的制订是基础环节，是绩效管理的起点。辅导沟通则是重要环节，能让绩效管理落到实处。绩效考核评价是核心环节，能产生积极影响。绩效结果的应用，则是绩效管理获取成效的关键，能通过对员工的激励和约束机制，带来理想的管理效果。

一般情况下，绩效管理的模式可分为以下四种。

1. 传统评比模式

这种模式采用"德、能、勤、绩"等考核指标，但实际上，更多只关注"绩"代表的业绩考核指标，而对"德、能、勤"的考核很少。但大多数情况下，业绩考核指标也并不完整齐备。

2. 检查评比模式

这种模式按员工岗位职责、工作流程，详细列出对其绩效的要求和标准。通常情况下考核项目较多，某一单项指标的权重都很小。在评价过程中，大多是扣分项，而很少设置加分项。除了个别定量的评价指标外，大多数考核信息都来自对单项的抽查。

3. 共同评比模式

这类模式的绩效考核指标较为宽泛，崇尚集体考核，由上级、平级、下级和自我共同参与。其中，自我评价权重较大。与此同时，绩效考核的效果和员工个人薪酬发放联系并不紧密。

采用这类模式得当，能积极推动团队精神和协作关系的建立，也能督促员工完成各自的任务。但如果仅采用该模式，则绩效管理会显得简单空泛。

4. 自我评比模式

该模式的特点在于通过设定激励性目标，使得员工能为自身的绩效目标负起应有的责任。上级只需赋予下级应有的评比权力，而不进行过多控制和考核。该模式在绩效考核评比中，重视个人激励，考核结果不仅和员工薪酬紧密挂钩，也决定员工的晋升。采用该模式，能充分调动员工积极性，使得他们愿意尽最大努力去完成目标，提高企业整体经营计划的效率。

目前，在很多企业的绩效管理中，绩效合同正发挥着越来越重要的作用。绩效合同，是指在员工正式合同之外的附加合同，是员工和部门经理或上级签订的书面协议，记录在年度或一段时间内，员工所应取得的成绩。在完成相关指标后，员工能根据完成的情况，获得相应的奖励。

绩效合同的主要内容如表 5.2-1 所示。

表 5.2-1　绩效合同的主要内容

指标	内容
绩效指标	销售收入、净利润、客户满意度等。企业应选择和自身战略结合的绩效指标，形成绩效合同
指标权重	指标所占比例是多少。通常应用比例的多少，表示具体指标对具体岗位、部门的重要性
指标的目标值	指标应完成的要求。在设定时，通常应参考历史数据加以调整

通过表 5.2-1，企业可知绩效合同的设计方法与使用价值，应确保表内三部分内容同时具有。

5.3　预算执行概述

预算执行，是指经企业内部审查、批准后的预算的全面实施的过程，是将预算从计划变为现实的具体实施步骤。

预算执行工作是企业实现预算收支任务的关键步骤，也是整个预算管理的中心环节。

5.3.1　预算执行的前提条件

企业预算的规划与编制，必定需要投入相当的资源，但无论预算如何科学、全面，毕竟仅属于书面作业。如果预算不能付诸实践，就会前功尽弃。因此，当预算编制完成后，企业必须在其执行过程中，营造出有利于预算执行的良好环境，使企业自上而下都能按照统一行为规则，开展预算活动。

1. 提高预算准确性

预算的编制是执行的基础，而预算成功执行的前提，则是严谨科学的编制过程。如果编制的预算内容与实际情况相差较远，就难以被成功执行。因此，企业在编制预算时，必须提高预算的准确性。为了让预算能顺利执行，发挥应有效果，编制团队必须端正态度、规范流程，保证预算编制的准确性。

2. 树立预算权威性

企业希望预算被认真执行，就要使之具备充分的权威性。企业必须赋予预算以充分的"法律效力"，在内部运营中形成约束力、限制力和保障力，并做到人人平等。部门领导对生产经营活动的审批应关联预算；员工从事具体工作，也要观察了解预算，财务部门报销费用，更应计算分析是否超出了具体预算。企业内的每个人都要真正尊重预算的权威，严格执行预算而不能违背。只有这样，预算执行才能得到有力支撑。

3. 健全预算执行机制

预算执行机制的健全，是预算执行的必要条件，它主要包括四方面机制的建设，如图5.3-1所示。

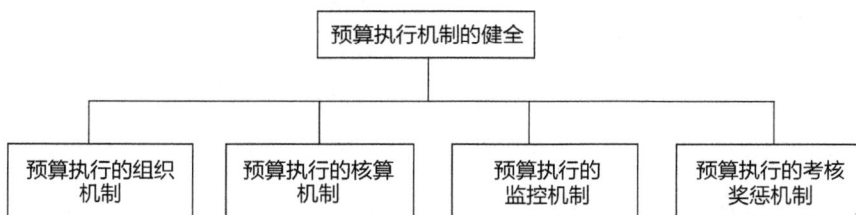

图5.3-1　预算执行机制的健全

通过图5.3-1所示的预算执行机制的健全，企业可结合以下重点，对预算执行机制加以健全。

（1）建立预算执行的组织机制。企业实施预算管理，应对预算组织体系进行设计，保证执行的范围和力度。这一组织体系必须充分体现企业各层级之间的权力制衡，使决策机构、组织机构、执行机构和控制机构能充分发挥各自在预算管理组织中的作用。

在实际操作中，各项具体预算是按照企业内部不同部门、不同职责范围进行编制的，因此，企业必须在执行之前，建立健全不同预算的责任中心，使各责任中心对分解的预算指标在控制基础上，承担完成责任。按照企业组织结构合理划分责任中心，建立与预算责任划分相适应的组织架构，是做好预算执行机制建设的组织保证。

（2）建立预算执行的核算机制。企业各责任中心如何执行预算、获得的执行结果，应及时、准确予以揭示和反映。采用责任会计制度，能够通过对各个责任中心的责任核算，及时掌握各责任中心的预算执行情况和结果，并有利于发现、分析和纠正预算执行中的偏差，确保目标的实现。因此，实施全面预算管理，应建立责任会计核算机制，对预算责任部门开展会计核算工作，确保正确核算不同预算责任部门，保证预算执行过程的顺利进行和结果的准确性。

（3）建立预算执行的监控机制。在预算执行过程中，有力的监督必不可少，是执行结果的重要保证。执行本身是动态过程，有较多的不确定性，为确保预算有效执行，应对各责任中心预算执行情况进行有效监控，及时调整偏差。企业必须建立对预算信息的监控、预算调整的监控、预算审计的监控等分支体系，建立健全预算执行的监控机制，从而真正保证预算的顺利执行。

（4）建立预算执行的考核奖惩机制。如果不对预算执行的过程和结果进行考核奖惩，预算执行就会流于形式。企业应建立合理的考核奖惩机制，让预算执行者能在执行预算之前，明确其业绩和奖惩之间的密切关系。这样，执行者将能使个体目标和企业预算整体目标紧密结合，自觉调整和约束个人行为，努力工作并提高效率，全面完成企业预算指标。

5.3.2　预算执行前的准备工作

完成预算编制后，即进入预算执行阶段。预算执行情况良好，是预算目标实现的关键。为确保预算能顺利执行，企业应在执行之前做好准备工作，如图 5.3-2 所示。

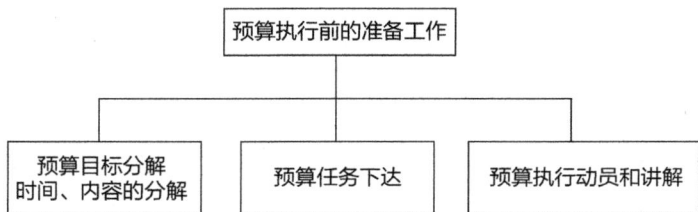

图5.3-2　预算执行前的准备工作

1. 预算目标分解

在企业的全面预算经过审查和批准后，为确保其在生产经营活动中能够便捷顺利地被执行，通常应对预算目标进行有效分解。

（1）时间的分解。企业应将年度预算目标分解到更为具体的时间段。例如，分解到季度、月度乃至周等。如果企业有条件操作，也可以分解到更加细致的时间段。

（2）内容的分解。企业应根据所涉及的内容不同，将年度总预算分解至各个不同的责任岗位或人员。

2. 预算任务下达

经过分解后，预算任务应传达给不同的业务部门。在传达过程中，企业的全面预算的完整方案，仅需要分发给高级管理团队成员。对各个部门的主管等中层管理团队，不需要分发完整预算方案，而只需将和他们岗位权责相关的预算传达到位。

例如，针对管理销售部门的主管，不必向其分送完整企业预算方案，而只需给予与其职责相关的部分，例如销售费用预算方案等。

为管理好已下达的预算任务，企业应对各个预算方案进行连续编号，并保留分送的记录。

3. 预算执行动员和讲解

预算是否能被高效执行，取决于基层员工是否真正了解编制的依据、原理，是否明确自身在执行预算过程中的职责与任务。虽然预算编制需要遵循全员参与的原则，但其关键步骤都由管理人员、专业人员完成，普通员工对预算可能并不具有全面的认识和深刻的理解。因此，管理层对预算的动员和讲解非常重要。

当预算任务分解下达后，必须以部门作为单位，举行预算说明会，向基层员工讲解企业整体预算计划、本部门执行预算的职责和任务，确保每个员工都能明确自身职责和任务。

5.3.3　预算执行中存在的问题

目前，企业在预算执行中容易出现部分问题，这些问题会影响全面预算管理的价值发挥。针对这些问题，企业管理者应提高认识、加强改善。

1. 执行重视程度不足

部分企业管理者对预算执行认识不够，将全面预算执行与财务预算执行混为一谈，忽略了财务预算只是全面预算的一部分。同时，开展全面预算执行过程中，有的部门认为预算执行工作也应全部由财务部门负责，导致预算执行脱离目标，工作流于形式。部分员工也因此对预算管理工作认识不足，在实际执行过程中缺乏积极性。

这些情况说明，在预算执行过程中，企业内部对预算管理工作有可能出现不重视的问题，导致预算执行工作自然难以发挥积极作用。

2. 执行组织体系不健全

由于存在对全面预算管理认识不到位、组织体系不健全的情况，企业将全面预算编制和执行工作全部归属财务部门，而其他部门，如销售、生产、采购、人事等部门没有参与预算编制和执行的动力与途径。此外，预算的执行和管理，需要了解诸如综合经济形势、行业发展趋势、市场竞争形势、部门自身特点等多个方面的情形，财务作为单一部门，其战略高度和掌握的信息有限，无法完全汇总执行各个部门的预算。这导致企业整体预算缺乏可操作性和实用性，各部门之间的协同效应也难以充分发挥。

3. 执行力度差

在部分企业，预算管理工作存在注重编制、轻视执行的情况，导致执行偏差较大，难以实现预算编制的既定目标。

执行力度差的问题，主要有以下表现：预算管理制度不够健全，实际执行时无章可循；预算目标分解不彻底，导致预算目标难以通过执行全面落实；预算执行缺少有效监督程序，无法及时反馈预算执行结果；未能及时发现和纠正预算执行中的偏差，导致预算执行偏离目标等。

预算执行力度问题如表5.3-1所示。

表5.3-1　预算执行力度问题

问题	产生原因	影响结果	严重程度
执行落实效果不佳	①预算执行缺乏完善的约束机制 ②企业未能对预算执行落实明确要求，未设定具体奖惩措施 ③预算执行缺乏灵活性，控制要求过于严格	由于执行落实效果不佳，无法顺利达成预算目标	缺乏执行落实，预算内容形同虚设
执行反馈不畅或无效	①信息沟通不畅，导致预算执行情况无法在部门或上下级之间进行准确及时反馈 ②预算执行反馈结果未能得到应有重视，导致执行的反馈被中断	执行效果无法得到有效评估，执行中出现的问题难以得到及时解决	预算执行过程中出现的问题如不能及时解决，有可能对预算效果产生重要的负面影响
执行改进未能落实	①未能针对执行反馈暴露的问题，拟定具体改进措施，导致预算执行中的问题难以得到及时有效解决 ②预算执行改进工作流于形式	执行过程中的风险无法被有效评估，问题也无法得到解决	保留和积累了问题，影响下一预算周期的预算编制和执行

通过表5.3-1所示的预算执行力度问题，企业可有意识地发现自身在预算执行过程中的不足，并予以改进。

5.4　预算执行的流程与步骤

在预算执行过程中，企业内各执行单位，应认真按照流程和步骤组织实施，将预算指标进行横向分解和纵向落实。为保证预算的执行控制，企业必须建立完整、科学、公开的执行制度，明确流程与步骤的标准，并采取相应措施。

5.4.1 预算执行的重点与程序

预算执行的效果，应通过明确重点与明晰程序加以保证。企业在具体执行过程中，需要突出以下内容。

1. 预算执行的重点

通过对预算执行重点的明确，能引导基层执行部门和员工认清执行内容、防范执行风险。

预算执行的管理工作重点如下。

（1）管理制度、凭证记录。企业应对预算管理制度和凭证记录予以完善，严格执行生产经营与业务活动的计划、成本费用的定额标准等，并加强监控。其中采购与付款、销售与收款、成本费用、工程项目、对外投融资、研究与开发、信息系统、人力资源、安全环保、资产购置维护等业务和事项，均应严格执行预算计划方案。

（2）建立预算执行的有关报告制度。通过建立报告制度，企业各层级管理团队可要求下级预算执行单位，定期报告预算执行情况，以便及时掌握预算执行动态和结果。内部报告制度应对预算执行报告的种类、形式、格式、内容和报送的时间、部门做出要求。在此过程中，对于预算执行中发生的新情况、发现的新问题，上级管理部门应及时要求有关预算执行单位查找和发现原因，提出改进管理的措施和建议。

（3）在接到预算执行报告结果后，管理部门应运用会计报告和其他资料，对预算执行情况进行监控。形成监控结果后，需及时向企业决策机构和下属各执行单位进行反馈，突出执行情况对企业预算目标的影响，引起相关主体重视，推动企业预算目标的实现。

（4）建立预算执行情况的预警机制。为及时发现执行情况的动向，企业应科学选择预警指标、及时发出预警信号，从而积极采取应对措施。预警指标的选择、预警范围的确定，应参考企业生产经营、业务活动的实际特点，并结合企业规模大小进行确定。

（5）加强核算。各部门作为预算执行单位，要加强每月核算工作，包括财务会计核算、管理会计核算，及时准确体现预算执行情况，为预算考核提供重要依据。

（6）强化现场检查。在预算执行过程中，各执行部门不能只依靠员工的口头汇报，而要由有关领导或管理部门负责人组成检查小组，经常到生产经营现场进行实地检查，及时了解各个环节的真实运营和预算执行情况，以便及时发现和解决问题。

2. 预算执行的程序

预算执行过程中，企业必须建立一整套程序，确保各个单元在完成预算指标过程中，针对要求制订相应的业务活动方案并实施，最终达到完成预算的目的。

预算执行的程序如图 5.4-1 所示。

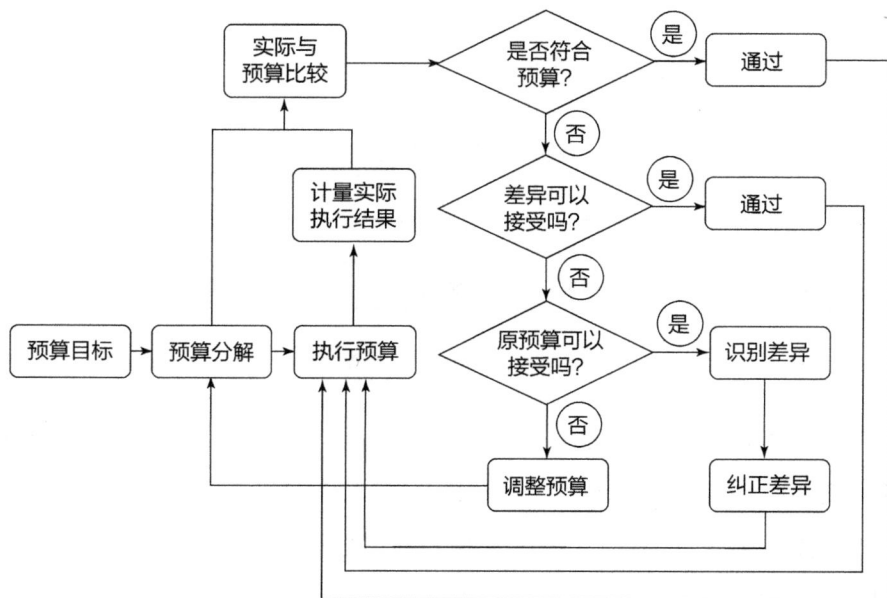

图 5.4-1　预算执行的程序

利用图5.4-1所示的预算执行的程序，企业管理人员可要求和指导员工准确执行预算。

5.4.2 预算执行的原则与步骤

预算执行是将计划转化为行动的具体过程，是实现预算收支任务的关键步骤，也是企业全面预算管理工作的中心环节。因此，预算执行必须在正确的原则指导下，推动步骤，实现应有效果。

1. 预算执行的原则

企业及其下属部门，在预算执行过程中，主要应遵循以下原则。

（1）分解原则。企业及其下属各部门，将批准的年度预算进行分解，按预算编报体系和责任中心，进行逐级落实，并经归集汇总，形成各个部门年度、季度、月度的执行预算。

（2）分类原则。针对预算内、预算外和超预算情况，应分别建立明确的执行流程。预算内应遵循规章制度，预算外应分析差异并追踪问题，超预算则应严格审批。

预算执行的分类原则如图5.4-2所示。

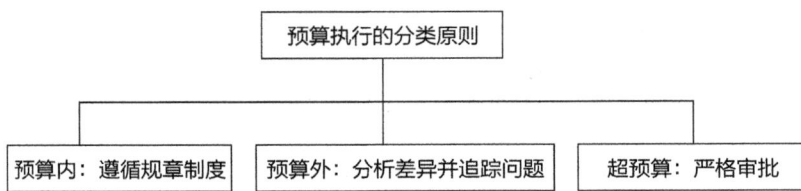

图5.4-2 预算执行的分类原则

根据图5.4-2预算执行的分类原则，可知企业管理团队在预算执行过程中，应坚持要求员工履行以下责任。

①预算内事项，应使用统一的申请表格，遵循规章制度，由企业管理系统对执行事项自动确认。

②预算外事项，应就发生的理由、使用计划提出详细报告。对已经出现的

预算差异进行分析并追踪问题。企业应在合理范围内，允许预算外事项的发生。对于预算外事项，应先经过实际执行单位的决策机构审核，注明意见后再逐级汇总，交由企业决策层审批。

③超预算事项，应秉持严格审批原则，对特殊情况应详细说明，并根据规定程序履行对应审批手续，并调整其考核指标。

（3）权威性原则。预算执行属于一种权力的执行与管理。预算执行本身并非目的，其目的在于控制。因此，预算能否正确发挥作用，关键在于预算执行是否具有权威性。在执行过程中，各预算执行部门应充分履行自身责任，完成刚性任务。

2. 预算执行的步骤

在预算执行过程中，企业应突出以下主要步骤，保证预算有效执行。

（1）落实责任、严格执行。预算目标应层层分解，将责任落实到人、时间分解到周或天。部门内部要求员工严格按照预算开展工作。为调动员工执行预算的积极性，应将员工执行预算情况提前列入绩效考核内容，并与员工薪酬挂钩。

（2）建立预警。财务部门应提前建立好预警体系，并就每月执行部门出现的偏离情况提出警示。责任部门也应根据实际需求，做好经营管理，或提出预算调整。

（3）设立台账。各责任部门建立预算台账，台账中应包括每个员工的量化工作目标，能清楚呈现出整个部门的预算执行情况。每月月底，相关部门应及时将台账与企业预算管理部门进行核对，保证对执行情况考核的公平与合理。

（4）建立预算执行结果的质询制度。各级管理部门应要求下属预算执行单位，对预算指标与实际结果之间出现的重大差异或其他影响预算执行结果的问题，进行专门解释和答辩。

5.5　预算执行的方法

预算执行是周而复始、连续不断的过程，不可能一劳永逸。在全面预算管理的整个流程中，预算执行属于事中的核心工作任务，与预算控制、过程监控共同组成承上启下的工作阶段。

全面预算管理流程如图 5.5-1 所示。

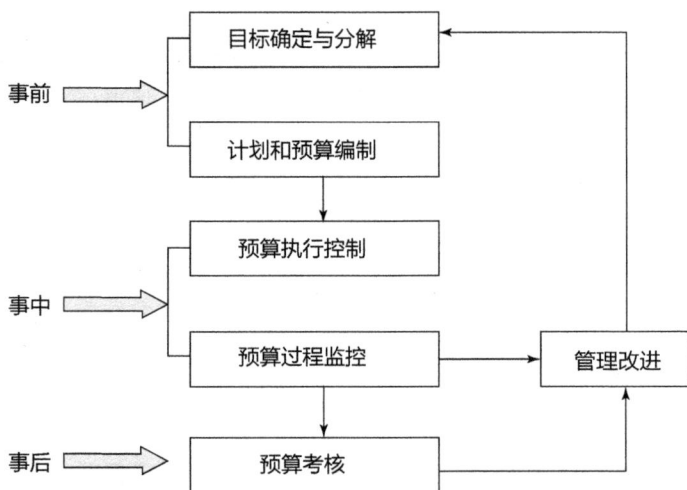

图 5.5-1　全面预算管理流程

图 5.5-1 所示的全面预算管理流程说明，在预算执行中，具体的预算执行部门，应将企业的生产经营活动细分为具体的业务活动事项，如销售、产品成本、费用、采购、现金等。企业具体的业务活动事项，就是预算执行的对象，只有选择正确的方法，预算执行部门才能将预算变为现实。为此，预算执行部门应针对自身负责的业务特点、业务内容和预算指标，设计制作具体的业务活动方案，将预算执行工作落实到位。

在执行过程中，为确保应有的控制力度，各种预算执行必须履行申请、批准、执行、反馈、核算、考核等管理程序。企业预算管理部门应通过提供方法，主动参与预算执行的各环节，实现对预算执行的全过程管理。

5.5.1 销售预算的执行

销售预算是预算编制的起点，也是预算执行的终点。销售是企业收入的来源、生产的依据，销售预算执行的好坏，直接影响到全面预算执行的成败。

销售预算执行成败的关键，在于是否能采取得当措施，是否能切实做好销售活动的管理工作。销售活动的管理工作主要包括计划、控制、反馈、考核等四个方面。

销售预算执行的内容如图5.5-2所示。

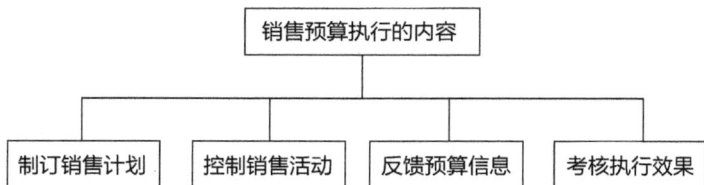

图5.5-2 销售预算执行的内容

解读图5.5-2所示的销售预算执行的内容，可了解以下有关销售预算执行的要点知识。

1. 制订销售计划

销售工作的基本法则包括制订销售计划并按计划销售。企业推行全面预算管理，要求销售部门必须依据企业下达的销售预算指标，按月制订销售计划，形成销售预算执行的具体方案。具体内容如下。

（1）分析市场形势和企业现状，围绕如何完成销售预算，制订明确的销售目标、回款目标和其他定性或定量的目标。

（2）落实具体执行人员、执行职责和执行时间。

（3）销售计划必须与销售预算相结合，报分管领导审批，同时向财务部门和预算管理部门备案。

2. 控制销售活动

企业高层管理人员必须对产品销售活动进行有效控制，销售部门管理者也应有效控制不同销售人员的业务活动。为了确保销售预算的执行，实现有效控制，就应落实每日、每周、每月销售工作计划和工作总结，及时公布业绩考核结果，提高销售活动的透明度，提高销售工作的效率，实现对销售预算执行过程的有效控制。

3. 反馈预算信息

信息是企业决策的基础，也是预算管理的重要内容。在销售活动中反馈的预算信息，包括以下三个方面内容。

（1）销售预算的执行情况。

（2）销售预算执行中发现的信息，包括客户需求、竞争对手变化、经销商要求、质量信息、价格信息、品种信息、市场需求等。

（3）销售预算执行中存在的问题。

对上述内容进行及时、准确、完整的反馈，有利于企业调整销售决策，确保销售预算计划的正确执行。

4. 考核执行效果

企业必须对销售部门执行预算的情况进行考核。同样，销售部门也应对销售人员执行预算的业绩进行考核。对预算执行的考核应包括定量和定性两个方面。

（1）定量考核，主要包括销售预算完成情况，如销售额、货款回收、销售费用等指标。

（2）定性考核，主要包括销售人员在执行预算过程中的合作精神、工作热情、责任感等指标。

销售部门的考核结果，是企业对该部门和人员执行销售预算的奖惩依据。考核结果必须与奖惩有机结合，才能保证销售预算的全面完成。

5.5.2　产品成本预算的执行

产品成本预算的执行，对企业全面预算执行产生的经济效益有重要影响。尤其在产品质量相同、价格比较稳定的情况下，成本是企业之间竞争结果的关键决定因素。因此，产品成本预算执行情况，将反作用于销售预算的执行。

产品成本预算执行成功的关键，在于把握企业各项生产活动的指令、实施、控制、核算和考核等五个基本环节。产品成本预算的执行环节如图5.5-3所示。

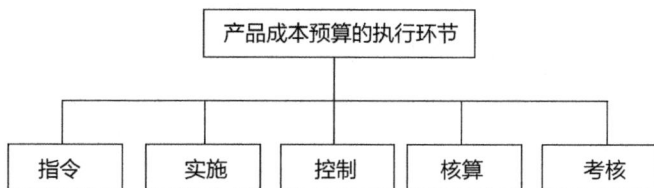

图 5.5-3　产品成本预算的执行环节

产品成本预算的执行环节包括以下内容。

1. 指令

指令即产品生产指令。生产部门需要按照企业生产指挥中心下达的生产指令，开展产品生产活动。其中，生产指令是指根据销售订单、产品成本预算编制的生产行动命令，其具体内容包括产品的品种、规格、数量、质量和时间要求，也包括产品材料的消耗定额、费用定额等成本控制指标。

2. 实施

生产单位必须根据产品生产指令，进行生产组织和成本控制，杜绝随意安排生产活动行为的发生。

3. 控制

指令不仅是生产部门控制产品生产消耗的依据，同时也是企业物资管理部门控制生产原料消耗的依据，还是财务部门控制成本费用支出的依据。因此，在生产预算执行过程中，必须注重指令的控制作用。

4. 核算

企业财务部门应按照成本预算的口径，对产品生产成本进行责任核算，并向生产部门积极反馈产品成本预算执行的已有结果。

5. 考核

企业预算管理部门负责定期对产品成本预算执行结果做出考核，依据考核结果，进行奖惩兑现。

5.5.3 费用预算的执行

随着营销和管理需求的日益提升，各项费用在企业全部经营成本中所占比重不断提高。因此，根据费用预算标准，对各项费用支出予以控制，是费用预算执行的重要内容。

费用预算执行的关键步骤，包括费用支出的申请和批准、执行、核算与考核等。

费用预算的执行环节如图5.5-4所示。

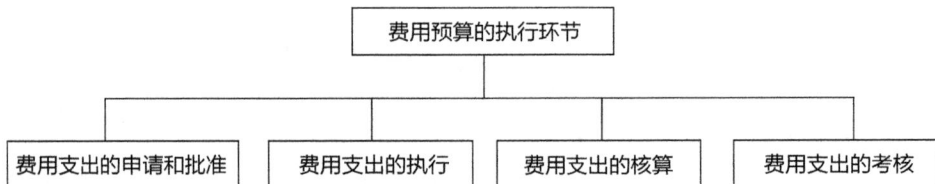

图5.5-4 费用预算的执行环节

1. 费用支出的申请和批准

各个业务部门在经济活动和费用发生之前，首先应填写经营活动和费用支出的申请表单，经过预算管理部门审核后，再报各部门相关领导审批。通过审批程序，能尽可能地将一切不正确、不合理、不符合预算的经济活动和费用支出制止在发生之前。

2. 费用支出的执行

各个预算执行部门应按照授权，从事经营等经济活动。财务部门也应按照授权，对符合预算标准的费用进行报销。

3. 费用支出的核算

财务部门应按预算执行部门，对各项费用支出进行归集，并正确核算各责任部门的费用预算完成情况。

4. 费用支出的考核

每个预算执行期之内，预算管理部门要按照季度、月度乃至周的时间划分，根据费用预算执行情况进行考核，并根据考核结果兑现奖惩承诺。

5.5.4　采购预算的执行

在企业运营中，采购预算的重要性不言而喻。以制造业为例，材料成本通常占产品成本的50%以上。材料成本由材料的消耗数量和价格决定，其中，材料价格又有一定的弹性空间。因此，对采购预算的控制，实际上就是对材料价格的严格控制。

采购预算的执行环节如图5.5-5所示。

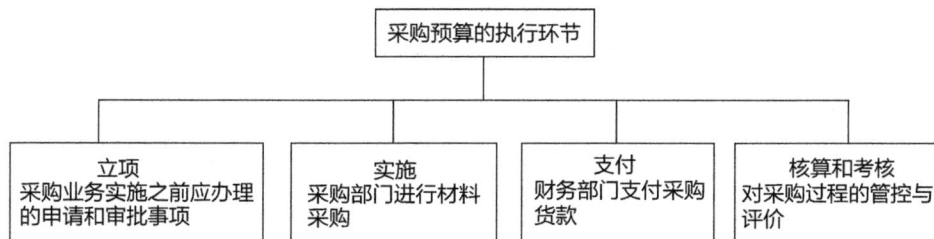

```
                    采购预算的执行环节
    ┌──────────┬──────────┼──────────┬──────────┐
  立项          实施          支付          核算和考核
采购业务实施之前应办理   采购部门进行材料   财务部门支付采购   对采购过程的管控与
的申请和审批事项        采购            货款            评价
```

图 5.5-5　采购预算的执行环节

1. 立项

立项，是指材料采购业务具体实施之前应办理的申请和审批事项，其中包括材料采购计划、材料采购价格审批等内容。

2. 实施

在实施过程中，采购部门按照批准的采购计划和价格，进行材料采购。在此过程中，负责采购的部门，应将采购业务预算执行任务分解到具体的采购人员，并确保他们会严格按采购合同执行。

3. 支付

采购货款的支付，通常由财务部门负责。当满足以下条件时，才能支付相关款项。

（1）符合采购合同规定的付款时间、方式和金额。

（2）在企业原定现金预算范围内。

（3）确保采购发票、验收证明等相关凭证真实、完整、合法、合规、无误。

办理采购付款时，应由采购部门填写材料采购付款单，由财务负责人按预算审批程序付款。超出预算的部分，应该由采购部门写明理由，并经企业总经理或副总经理批准后，从预算外资金列支，或对现金预算进行调整。

4. 核算和考核

采购经费的核算，需要通过"材料采购"等账户进行。利用核算，部门和企业能准确管控与评价采购预算的执行过程与结果。同时，预算管理部门应定期对采购预算执行结果进行考核，并兑现奖惩承诺。

5.5.5 现金预算的执行

在全面预算管理体系内，预算管理部门应积极要求现金预算执行部门确保"量入为出，量力而行"。既要从自有资金范围拓展到举债经营范围，也要考虑企业实际偿债能力，杜绝资金来源缺失或负债风险过大的长期投资项目预算。

现金预算的执行，包括现金收入预算执行和现金支出预算执行两部分。

1. 现金收入预算执行

企业日常的现金收入来源，主要是销售货款和银行借贷资金。其中，销售货款是现金收入的主要来源。

现金收入预算，通常应按以下程序执行。

（1）计划。执行部门应根据企业下达的销售预算、现金预算，编制具体的现金收款计划，并上报预算管理部门和分管领导审批。

（2）收款。负责收款的执行部门，应按照现金收款计划，将现金收款任务予以落实。一般而言，现金收款分为预收货款、收款发货和清收应收货款三种情况，其差异主要是产品销售情况不同。无论何种时间类型，在执行部门收到各类现金凭证后，应及时送交财务部门入账。

2. 现金支出预算执行

现金支出预算，主要按以下程序执行。

（1）计划。财务部门应根据审批后的现金收支预算表、银行借贷资金状况，编制具体的现金支出计划，并报经预算管理部门和企业分管领导批准。

（2）支付。财务部门应依据审批后的现金支出计划，考查各个执行部门的支付申请，对现金支出预算进行落实。

第 6 章
预算控制

    企业管理实践需要运用多种控制方法。管理者除了利用现场巡视、监督或分析下属的工作结果手段之外，还应经常利用预算控制手段，对企业的运营过程加以影响。因此，预算控制的意义不仅在于预算本身，同样也能作用于企业的战略执行和日常管理。

6.1　预算控制基础

预算控制，是企业管理控制中运用最为广泛的方法，即根据预算规定的收入与支出标准，对各个部门的生产经营活动进行检查监督。通过预算控制，能确保各部门的经营活动在完成既定目标和实现利润的基础上，对经营资源加以正确利用，使成本的支出受到严格有效的约束。

6.1.1　预算控制的责任主体和内容

预算控制的责任主体，即在预算管控活动中发挥主导作用的集合体，肩负了预算控制活动的主要内容。

1. 预算控制责任主体的构成

企业一切管理活动的主体是人员，预算控制也不例外。但预算控制责任主体由两个层面组成，如图6.1-1所示。

图 6.1-1　预算控制责任主体的构成

预算控制责任主体，包括预算控制的管理主体和执行主体两个方面。

（1）预算控制的管理主体。作为管理主体，他们是具有预算管理科学知识和技能，在企业拥有管理者所特有的权威，并能直接从事预算管理活动的人。

作为预算控制的管理主体，他们应能综合应对和把握企业发展与市场竞争环境的关系，能对企业各种资源尤其不同层面资源差异做出协调，并具备管理预算的专业技术能力。

（2）预算控制的执行主体。作为执行主体，他们是具备预算执行技能，在企业处于一线岗位，受到管理和权责约束的人。在预算控制中，各阶层人员均在被控制的同时，也在自身责权范围内实施控制。他们不是单纯被动的被控制客体，同时也是控制主体。作为预算控制的执行主体，他们不应是消极接受管理指令的对象。

正确认识、处理并协调上述两个层面主体的关系，能使得预算控制高效科学，使企业的预算执行目标更好实现。

2. 预算控制的内容

预算控制的主要内容，同时也反映了预算控制主体的工作职责。企业的预算控制工作，包括预算编制、审批、执行、分析、考核等各部门、各环节的职责任务、工作程序和具体要求。

企业在建立和实施预算控制的过程中，主要应强化下列关键环节的控制。

（1）职责分工、权限范围和审批程序等应明确规范。机构设置、人员配备应科学合理。

（2）预算的编制、执行、调整、分析和考核的控制流程应清晰缜密。企业对预算的编制方法、审批程序、执行情况检查、预算调整、执行结果的分析考核等，都应形成明确的规定措施。

6.1.2　预算控制的基础

为建立严密的预算控制体系，企业应首要关注预算控制组织结构，将之作为全方位预算控制的基础。

预算控制的组织结构具有全面性和系统性的特点。同时，由于受到成本、能力等因素的制约，普通企业不太可能设置专门的预算监控机构，承担所有预算控制任务。因此，具备可操作性强的有效控制体系，应该是上级的管理控制与执行层面的自我控制相结合的。这意味着，预算的组织体系往往即为预算的控制体系。

与预算控制体系相对应，预算控制的组织体系分为以下三个层次。

1. 预算管理委员会

预算管理委员会是全面预算管理的领导机构，同时也应作为最高级别的控制主体，承担预算控制领导职责。

2. 预算管理机构

预算管理机构是企业预算执行情况的日常监督和控制单位，负责收集预算执行信息，形成分析报告。预算管理机构通常应由财务部门和相关领导负责，并成为预算监控中心与信息反馈中心。

3. 各责任部门

各责任部门既是预算的具体执行者，也是预算执行的控制者。各责任部门、各基层执行人员，在其不同的职权范围内，将预算指标作为生产经营行为的标准，对经营活动进行监控。发现超预算事项，应及时向上级责任中心报批。同时，各责任部门的预算管理员负责记录控制任务的实际完成情况，将发生的支出同预算指标进行比较和自我分析，以便及时采取相应措施。

在上述组织体系基础上，企业还应形成日常沟通制度，加强对预算执行情况的跟踪与监控工作。

例如，财务部门作为预算管理委员会的执行机构，应当在预算管理委员会领导下，利用企业内部经济活动分析会的形式，建立每周、每月资金调度会和预算执行情况分析会等常规会议制度，形成不同形式的预算反馈报告。通过这些会议的沟通工作，将有关预算执行情况的信息高效、及时、系统地反馈给企业管理者和各个部门的管理者，帮助他们了解预算执行的情况。这样，他们可以根据反馈信息，做出相应决策，控制企业内部经济活动实际情况脱离预算的差异，确保预算执行目标的实现。

6.1.3　预算控制体系

完整的预算控制体系，包括预算编制控制、预算执行控制和预算考评控制三个环节，如图6.1-2所示。

1. 预算编制控制

企业对预算编制的控制，能从原点
开始确保预算执行的战略性和科学性。
其中具体控制方向包括以下几个方面。

（1）预算管理模式的选择。预算管

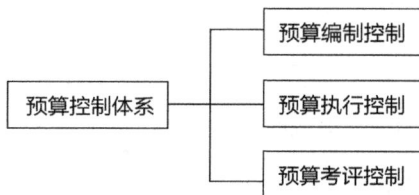

图6.1-2 预算控制体系

理的重点，必然应体现企业的战略要求。不同战略规划，决定企业应选择不同
的预算管理模式，并进一步选择不同的预算编制切入点、程序和方法。其中主
要可以选择的预算管理模式有以下几种。

①以资本预算为核心。该预算管理模式适用于初创期企业。其预算管理重
点为谨慎投资概算、利用财务决策技术对资本支出项目进行评价、项目投资总
额预算和各期现金流出总额预算、融资预算、以预算为标准监控和管理实际采
购过程、以资本预算为标准评价资本支出项目的效果。

②以销售预算为核心。该预算管理模式适用于已进入成长期的企业。其管
理重点在于利用预算的执行机制和控制形式，推动营销战略的全面落实，确保
企业能获取可持续的竞争优势。采取这一类型的预算管理模式，可为企业营销
战略的构建和推动带去全方位的管理支持。

③以成本预算为核心。该预算管理模式适用于成熟期企业。其预算编制的
核心思想，在于将期望收益作为依据，将市场价格作为已知变量，对企业总预
算成本进行规划。这种预算管理模式以总预算成本即目标成本为基础，将其分
解到与成本发生有关的所有责任部门工作中，形成分预算成本，有效限制这些
责任部门的行为。

④以现金流量为核心。该预算管理模式通常适用于调整期或衰退期企业。
其预算管理重点是企业整体及各个部门的现金来源、现金支出途径、现金流入
和流出的具体时间点，具体时间点上可用的现金余额，如何从外部筹措资金，
如何控制不合理的现金支出等。

（2）预算编制程序。预算编制程序有自上而下式、自下而上式和上下结合

式三种。

①自上而下式。企业决策层根据实现战略目标需要，制订全面、详细的预算。各个部门仅扮演预算执行主体，所有预算管理控制的权力集中在管理层。这种预算编制程序，适用于采取中心制管理的企业，其中主要是产品种类单一的企业。

②自下而上式。由各部门或分公司负责编制并上报预算。企业决策层对预算握有最终审批权。这种预算编制程序能确保基层执行部门具有预算管理的主动性，决策层主要发挥管理中心的作用。这种预算编制程序适用于分权制的企业。

③上下结合式。这种预算编制程序结合了前述两种程序的优势，既能体现决策层对企业战略目标的思考，也能结合基层部门的实际情况。这一程序的推行关键，在于上下结合点的确定。

除此之外，企业在确定预算编制程序时，还应根据不同部门的性质与费用形态，选择具体的预算方法。

2. 预算执行控制

（1）预算执行流程。对预算执行的控制力度，主要体现在如何建构企业的预算执行流程，使之具有良好的可操作性，并能覆盖企业内部绝大部分的预算控制领域。

预算执行控制流程的主要内容如表 6.1-1 所示。

表 6.1-1　预算执行控制流程的主要内容

步骤	内容
预算指标的分解和下达	企业将分解后的预算下达给各个责任部门，作为对责任主体执行预算的硬性约束
业务执行	各预算责任部门将预算指标作为业务活动标准，指定专职或兼职预算管理员编制预算台账，形成预算执行统计记录，并定期与财务部门核对
业务审批	审批要素包括审批权限、审批依据和审批责任。根据预算内和预算外支出，实行不同审批制。对预算内支出，在限额内实行责任人审批制，限额外由主管业务的副总经理或以上职位负责人审批。预算外支出，应交由预算管理委员会审议批准
财务审核	财务部门负责对各级业务部门的日常业务进行财务监督审核。财务审核重点是财务支出，尤其包括成本和资本性支出。预算外支出，除审核外，还应由财务总监对审核程序进行检查

根据表6.1-1，企业可针对不同环节内容，设置不同的控制方法。

（2）预算信息反馈。预算信息反馈，是指预算指标执行情况的报告制度，其中包括预算责任报告和预算报告例会两种制度。

①预算责任报告。预算责任报告是对预算执行情况汇总、比较、分析的正式报告，是预算控制体系的有机组成部分。预算责任报告的编制主体为各个执行部门，由财务部门汇总后，向预算管理委员会上报。不同预算执行部门的责任范围不同，预算报告具体项目也有所差别，通常包括预算数、实际数、差额数和预算完成率等项目。

②预算报告例会。建立预算报告例会制，是指企业应定期召开预算例会，就各执行部门预算执行情况、执行过程中发现的问题进行讨论、沟通，形成解决办法。预算报告例会召开的时间，应根据企业实际状况和需求而定，通常应在月末、季度末、年末召开，也可以结合企业业务例会进行。

3. 预算考评控制

预算考评，是指对企业各级预算责任部门执行预算情况的考核和评价。从预算考评方式看，预算考评可分为动态考评和综合考评。根据预算考评内容和性质划分，预算考评又可分为过程监控和结果评价。对预算考评的控制，主要着眼于两个阶段，即预算执行过程中的动态考评以及预算期末的综合考评。

（1）动态考评。在预算执行过程中进行预算考评，能及时提供不同执行部门执行预算情况的信息，并能通过有效分析，及时纠正行为偏差，督促其落实预算任务。

为对动态考评进行控制，预算差异的分析包括以下四个步骤。

①确定差异分析对象和方法，通常针对金额较大、性质特殊的差异内容进行分析，其具体分析项目，应根据企业或部门情况选择。

②收集企业内部和外部相关资料，计算并明确差异数额。

③进行差异分析，确定差异产生原因，明确责任是否可控。

④根据差异分析结果，考虑可采取的应对措施。

（2）综合考评。预算期末的综合考评，既是为了总结和综合评价本期预算执行情况，也是为了为下一预算期有效执行而积累经验。预算期末的综合考评，应与企业绩效考核、激励机制的运行结合起来，分别设立高级管理人员、责任部门和基层人员等不同的考核层次，进行对应奖惩。

预算考评的主要方式为定性和定量考核的方式、财务指标和非财务指标相结合的方式。在考评过程中，将这些方式结合使用，才能发挥出考评在绩效控制中的最大价值。

预算考评的主要方式内容如表 6.1-2 所示。

表 6.1-2　预算考评的主要方式内容

方式名称	方式内容
定性考核	对预算管理实施过程中，表现优异、突出的部门和个人进行奖励
定量考核	对各责任部门和个人预算责任指标、预算实际执行情况的差异进行分析
财务指标考核	在预算考评中占据主导控制地位，但不应片面采用该指标，避免关注已有的经营业绩而忽视未来发展
非财务指标考核	更加注重企业未来成长、战略目标和外部环境，促使预算执行过程中加大对外开拓力度

通过表 6.1-2，企业能进一步明确预算考评的具体方向。

6.1.4　预算控制原则

企业在实施预算控制时，应以战略目标为出发点，在考虑企业整体利益基础上，兼顾部门的利益，坚持重要原则。

预算控制原则如图 6.1-3 所示，主要包括以下内容。

1. 一致性原则

企业在确定整体预算目标时，应有战略与全局眼光，在考虑企业利益的同时，还应考虑各部门利益，保证企业确定的预算目标能获得成员部门（尤其是销售、采购等业务部门）的整体认同，并服从于企业战略目标。

图 6.1-3　预算控制原则

2. 可控制性原则

制订企业整体预算目标并将其分解到各个责任部门时，应注意考虑环境中不可控因素的影响。例如，宏观经济形势、法规政策的变化，原材料价格的突发性上涨等，这些因素都并非企业自身所能控制的。此外，由于转移定价等原因，还会出现其他的不可控因素，影响企业成本和费用的支出，在制订预算控制措施时，也应予以充分考虑。

3. 灵活性原则

在制订预算控制措施时，除了充分考虑不可控因素外，还应尽可能考虑预算执行过程中有可能遇到的突发性问题，确保留有余地，使预算具有一定弹性。当然，预算弹性必须控制在合理范围内，否则预算也将失去应有的控制作用。

4. 以人为本原则

对预算的控制需要企业全员参与。为此，应充分发挥企业员工的主观能动性，激发他们的积极性，争取他们对预算目标的认同与支持，使预算目标经过分解后，成为各个业务部门乃至员工个人的目标。

在预算执行过程中，应严格按照既定标准进行考核，做出奖惩，以发挥预算激励功能，确保全体员工形成合力，共同实现预算执行的目标。

5. 利益协调原则

对预算目标分解时，应充分协调各成员部门之间的利益关系，保证企业预算整体目标实现，同时也不过分损害任何一个执行部门的利益，尤其不能影响到部门的经营管理权限。此外，预算控制过程还应合理清楚地划分员工、部门和企业的权责关系，以便于对预算执行的考核。

6. 可靠性原则

预算目标的确定，应建立于历史经验和科学预测基础上，根据企业当年的经营目标，结合实际情况，对预算指标予以确定。确定的预算指标应尽可能客观、公正、可靠，避免过高或过低而失去其自身意义。

7. 开放性原则

预算控制本身是动态、开放的系统。在预算实施过程中，应保证充分的信息沟通，使得企业决策层即使远离预算执行现场，仍然能及时了解和控制预算执行进程，并不断进行纠正，保证战略目标的实现。

6.2 预算控制方法

预算控制方法，有广义和狭义的区分。

广义的预算控制方法，是指预算控制系统中所使用到的一切方法，包括制订预算目标的方法、预算编制方法、预算控制方法、预算考评方法等。

狭义的预算控制方法，主要指预算执行控制方法和预算分析控制方法。其中预算执行控制方法是指预算执行中的过程监控方法，预算分析控制方法是指预算考评环节中所采用的方法。本节主要阐述的内容，为预算执行控制方法。

6.2.1 预算控制四模式

预算执行控制方法，可以分为四种模式，分别对应预算执行过程中的不同方面，如图6.2-1所示。

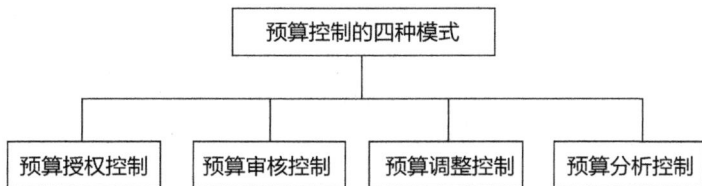

```
          ┌─────────────────────┐
          │   预算控制的四种模式   │
          └─────────────────────┘
    ┌─────────┬──────────┼──────────┬─────────┐
┌────────┐ ┌────────┐ ┌────────┐ ┌────────┐
│预算授权控制│ │预算审核控制│ │预算调整控制│ │预算分析控制│
└────────┘ └────────┘ └────────┘ └────────┘
```

图6.2-1 预算控制的四种模式

1. 预算授权控制

该模式意味着对预算的执行，以授权形式加以控制，即所有执行预算的责任部门、责任人员在处理业务时，必须得到有效的授权，经过合法的批准程序方可进行业务处理。

授权模式的控制，属于事前控制。通过授权控制，能有效地将不正确、不合理、不合程序的业务行为制止在发生之前。预算控制是重要的企业内部控制方式，需要采取事前控制方式，事前设定授权的事项、权限和金额。

预算授权控制模式，可设定为以下控制模式。

（1）预算权分配。预算权分配即对企业内部各层级在预算管理运行中的决策权进行界定。预算管理决策权应能体现决策权、执行权和监督权分立的控制规则。董事会及其下设的预算管理委员会为预算决策机构，下属各单位、各部门为预算执行机构，监事会、预算管理委员会办公室、财务部门、内部审计部门则为预算监督机构。采用预算权分配模式，应事先设置上述预算机构，并明确决策权、执行权、监督权的归属、内容和行使方法。

（2）预算内授权。预算执行部门和人员，根据既定的预算控制标准，对其各自权限内正常业务行为进行授权。这一模式强调预算范围内的业务活动，应由预算责任主体自行负责处理，而无须进行分级控制。

（3）预算外授权。预算外授权即对非正常业务行为进行专门研究后，再进行授权。这种模式强调对超过预算范围或并未列入预算范围内的经营业务活动事项，必须经过预算调整或追加来处理，即得经过授权的部门批准。

2. 预算审核控制

业务发生后，通过会计核算系统，对和业务相关的费用报销和资金拨付进行事中控制。这一控制模式的本质在于，对预算内事项，应尽量简化审批流程，提高效率；对超预算事项，则执行额外审批流程；对预算外事项，应严格控制以防范风险。

处于预算审核控制模式下，应做好以下工作。

（1）确保预算和会计核算相结合，建立对应关系。在设计预算控制系统时，应充分考虑预算控制系统的软件化、信息化。企业可在预算控制系统中设置结构性、系统性的定义，使企业各个层级的预算控制项目与会计核算项目形成对应关系，并明晰、准确。

（2）录入过程。在预算执行过程中，当凭证录入保存时，首先录入的不是会计核算系统，而是预算控制系统。后者应能保证自动检查凭证所关系到的费用预算、资金预算，是否超出了相应的年度、月度费用预算控制标准，以便对发生的费用额、资金支出额进行计算，从而进行有效控制。

（3）区分控制。对于预算内项目且金额未超出控制预警线的，将之录入保存至会计核算系统。虽然属于预算内项目但金额超出控制预警线的，系统应该向具体的业务部门发出警告，提醒其应注意控制当期费用的发生和资金拨付。对于超出预算或者完全属于预算外的项目，则应进入预算调整程序。

预算审核控制模式，能够对预算执行过程中的业务发生、费用报销和资金拨付同时发挥实时和过程控制作用。

3. 预算调整控制

该模式属于事后模式，即当企业内外环境发生改变、预算与实际出现较大偏差导致原有预算不再适宜时而进行的预算修正。一般而言，当年度预算经批准后，原则上应不再进行调整。实际控制中，企业应通过制度规定，严格明确预算调整的条件、主体、权限和程序等事宜。只有在企业内外大环境发生重要变化，导致预算编制的基本前提发生重要变化时，才能通过预算调整，对预算执行进行控制。

这一控制模式的设立和运行思想，体现了预算的严肃性和灵活性。其具体表现在预算的调整不是随意的，而是制度化的，即必须满足一定的前提条件、遵循必要的审批程序。

预算调整控制模式，可以分为预算目标内调整和预算目标外调整两种分支模式。不同类型的分支模式，应设定不同的前提条件、审批程序，通常包括申请、审议和批准三个程序。

预算调整控制模式的相关权限应高度集中，需要经过预算管理审批委员会或具有相应权限的人员、机构审批。

4. 预算分析控制

预算分析控制模式，属于事后控制模式。通过预算分析，企业能通过信息系统展示、会议、报告、调研等多种途径和形式，对预算执行情况进行监督和分析，了解执行差异形成的原因并提出对策和建议。

实行预算分析控制的企业，应建立对应的预算报告制度。预算报告属于企业内部管理报告，与企业对外界披露的财务会计报告，无论在内容、形式还是流程上均有一定差异。因此，企业不能直接用财务会计报告代替预算报告。

预算报告应由各预算责任单位编制，并向其上级提交。预算报告的内容和形式，应该根据这些单位的目标和责任确定。具体而言，预算报告的基本内容，应包括以下部分。

（1）预算执行的实际结果计量。

（2）预算实际结果与预算控制标准之间的差异及差异形成的原因。

（3）对于负面差异的整改措施等。

预算报告样式如表 6.2-1 所示。

表 6.2-1　预算报告样式

项目	实际值	预算值	差异	差异原因		整改措施
				内部	外部	

利用表6.2-1所示的预算报告样式，企业可以设计符合自身需求的预算报告表格。

6.2.2　预算控制六步法

无论主要采取何种预算控制模式，预算控制都应遵循必要的流程，如图6.2-2所示。

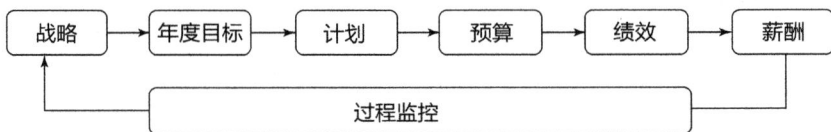

战略 → 年度目标 → 计划 → 预算 → 绩效 → 薪酬

过程监控

图6.2-2　预算控制的流程

在图6.2-2所示的预算控制的流程中，企业及下属各预算执行部门，可以利用多种方法，实现预算控制的目的。

1. 建立"五会"过程监控体制

（1）"五会"，即周调度会、月计划会、季度分析会、半年述职会、年度规划会等五种预算会议，如表6.2-2所示。通过这些会议，企业能严密监控预算的执行过程。

表6.2-2　"五会"的具体内容

会议名称	监控内容
周调度会	每周对供、产、销业务活动进行调度
月计划会	每月底对上月工作进行总结，对下月工作进行计划
季度分析会	每季初开展系统的预算分析会，揭示差异、分析原因、管理改进
半年述职会	半年结束，开展中高层领导层述职会，根据需要实施预算调整
年度规划会	每年年初召开公司大会，总结上年工作，规划新年度的预算控制目标

（2）业绩考核会。通过季度、年度的业绩考核会，保证对预算执行的控制。其中具体要点如下。

①会议目的。对前一季度、年度各单位的计划目标完成情况进行考核，及

时发现并解决潜在的问题，确保预算目标的实现；必要时提出预算调整申请，以适应外部环境的变化。

②参加人员。参加人员包括全面预算管理委员会人员、考核委员会人员、总经理、副总经理、财务总监、各部门领导、人力资源部门人员等。

③时间。季度业绩考核会，每季度月初，利用 1 天时间召开。年度业绩考核会，每年 1 月下旬，利用 1 天到 2 天时间召开。

④主要议程。财务总监介绍上月公司总体目标完成情况及主要差距，以及主要差距来源。参会人员逐一对各单位上月预算完成情况进行考核，揭示问题，责成解决。总经理总结会议决定的需解决的问题，明确改进目标。

⑤会议规则。业绩考核会不是为了揭示和解释问题，而是旨在共同解决问题。参会各单位应充分认识差距及准备解决方法，并准备相关图表。

⑥需要提前准备的材料。需要提前准备的材料包括预算管理委员会办公室会签完成的季度、年度预算执行情况表，各单位提前一周做出的对自己预算执行情况的差距分析和问题解决的拟用举措。

⑦会后后续工作。会后后续工作包括全面预算管理委员会主席总结、下达会议结果、会议责成解决事项和负责人。全面预算管理委员会办公室跟踪以上事项的完成情况，及时在月报中通报。人力资源部门记录、统计考核结果，并根据指标权重反映至部门或个人的当期考核分数中。

2. 重视预算分析和管理改进活动

企业应积极进行预算分析和管理改进活动，即利用上述会议，对预算进行分析，并由责任主体提出管理改进的措施。

预算分析会议基本流程如图 6.2-3 所示。

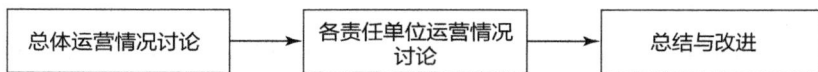

图 6.2-3　预算分析会议基本流程

在预算分析会议基本流程中，需要重点关注的部分如下。

（1）总体讨论。总体讨论的内容包括是否达成目标、没有达成目标的原因、影响目标达成的主要因素、对下一步运营的负面影响。

（2）各责任单位运营情况讨论。讨论内容包括问题出现的原因、关键影响因素分析、结合关键影响因素讨论解决问题的方法、具体的改进措施和如何保证实施到位。

（3）总结与改进。总结与改进内容包括整理主要改进举措、明确各部门承担的主要任务内容、责任人划分、时间节点和预期效果。

3. 划分预算内和预算外的资金控制权限

为有效控制预算，企业应积极划分预算内、外的资金控制权限，保证对资金流的监控。

（1）控制原则。资金支付的控制原则，主要包括以下要点。

①严格按周计划付款。

②严格按月度资金预算，控制周计划。

③保证资金收、支两条线。

④对资金支付的控制，应分为项目控制、分块控制和集中控制。

⑤资金预算应与对外支付系统有效、严密对接。

⑥完善企业内部各项资金费用支付标准。

（2）控制要点。在对资金流的监控过程中，以下要点能有效确保其控制效果。

①审批权限。预算执行审批权限，应具体化、制度化、书面化。

②坚持经济、有效、产出最大化的支出原则。

③授权控制。不经合法授权，不能行使预算执行的权力，以保证执行单位责、权、利对等。

④建立内部结算中心。内部结算中心负责确定最低资金余额、控制日常资金流量、执行银行存款平均占用定额、日常资金运用考核等。

⑤对资金收付的原因、对象、数额、过程、授权等进行实时监控。

⑥设立信息反馈、分析和预警制度。

4. 各部门建立预算台账

在各个责任部门、预算管理委员会办公室建立预算台账，以便于进行预算执行情况的实时核对，并规范预算执行的步骤流程和管控内容。

5. 建立预算追加和调整机制

（1）预算追加，包括费用项目追加和费用额度追加。一般在预算节约和预算准备内解决，不影响企业年度目标。预算追加应提出申请，由全面预算管理委员会批准。

（2）预算调整，包括企业年度目标调整和部门年度目标调整。预算目标可能调低，也可能调高。预算调整只有在符合既定的条件下才能进行，通常在年中进行评估后由预算管理委员会或董事会决策批准。

预算追加流程如图6.2-4所示。

追加申请 → 审核 → 审批 → 列支与考核

图6.2-4　预算追加流程

预算追加流程，主要包括以下重点步骤。

（1）追加申请。各单位、责任中心发生预算外费用时，应经主管副总经理审核后，向预算管理委员会办公室提出书面申请。预算追加申请应先详细说明申请追加的事由及额度，并提供相关支持性附件。

（2）审核。预算管理委员会办公室对预算追加申请进行初步审核，判断预算性质（包括一般性支出、重大资本性支出），评估预算追加的必要性，出具书面意见或建议，并按不同审批权限和程序报批。

（3）审批。对日常经营活动发生的一般性开支项目，由总经理直接审批。对重大的技改、合资合作、对外投资以及资本运营项目等，必须按企业规范的审批程序进行审批。

（4）列支与考核。企业应设立必要的预算准备金，用于解决预算外开支。追加的预算原则上通过各责任中心的预算节约进行弥补，无法弥补的，从企业预算准备中列支，以保证全年预算目标的实现。各责任中心追加的预算，自动计入责任中心的预算额度，并纳入责任中心的考核范围。

6. 开展预算预警和审计活动

在确定预算执行的绩效结果并兑现薪酬前，应实施预算审计工作。

（1）预算审计的作用为监控预算体系运行，是绩效考核兑现前的鉴证。预算审计应纳入年度审计计划。

（2）预算审计内容包括预算目标的完成情况。其具体包括预算编制上报时间的及时性、预算编制工作的规范性、预算执行的严肃性，如财务部门是否按预算付款、是否按相应的权限审批付款、预算追加是否执行相应程序、预算追加频次是否过多、预算调整工作是否合理合规以及预算分析工作的质量及效果等。

6.3 预算外支出管控

预算外支出，是指预算期预算之外的项目支出，或预算期有预算项目，但费用金额超出原预算额度的支出。

越是成熟的企业，对预算支出的管控越是严格。相对而言，一些初创企业的预算外支出管控相对宽松，容易导致预算整体控制不力，影响预算目标的实现，从而使得战略目标无法完成。有鉴于此，企业必须积极做好预算外支出管控。

6.3.1 预留额度，分级授权

企业各部门对预算外支出的管理，应注重"预留额度、分级授权"的原则。预留额度，是指企业应在预算期开始之前，根据不同预算种类，预留一定资金额度，以应对预算外可能的支出。分级授权，是指针对预算外支出的发生，应秉持逐级申请、审批和授权的严格流程予以进行。

以"预留额度、分级授权"的原则进行预算外支出管理时，企业应注意以下要点。

1. 预算外支出项目的内容

常见预算外支出，包括以下项目内容。

（1）应急备用金、人力资源管理类、行政办公类。

（2）日常生产消耗类、技改大修类、紧急新增项目或设备。

（3）合规性费用，包括安全、质量、环保、消防等。

2. 预留额度的确定

编制预算时，企业应预留一定比例的经费作为预算外支出额度。具体的额度比例，应根据预算编制和执行经验、对预算年度基本假设的信赖和争议程度、预算年度重大经营政策环境的变化，以及其他不确定因素等进行计算。

经过计算后，由预算编制部门确定年度预算预备费的提留比例，由预算管理委员会审批通过，作为预算外支出的预留。通常情况下，如预留额度超过总预算10%，须上报董事会批准。

3. 分级授权体系的建立

预算外支出的申请、审核和批准程序，应以预算执行的授权程序为基础，并附加更为严格的审批条件和形式，形成预算外支出的管理框架。

例如，某公司的预算外支出授权条件如下。

……预算外支出，应由预算责任部门根据业务实际需要单独填写申请，说明开支理由、使用目的和使用方式。

（1）预算外项目不论金额大小，必须由部门经理向本公司预算工作小组提出开支申请，由预算工作小组汇总衡量对总体预算的影响程度后上报公司总经理，若该预算外支出对公司整体利润预算完成情况未造成影响或影响金额小于30万元，直接由本公司总经理审批通过。

（2）若预算外支出将对公司整体的当月利润或累计利润完成情况造成影响，且预算外支出对净利润预算金额影响差异达5%以上或影响金额在30万元（含）以上，应同时上报各二级、三级单位预算工作小组和集团公司预算管理工作小组，经审批后方能列支。

某公司预算审批授权体系汇总参考表如表6.3-1所示。

表6.3-1　某公司预算审批授权体系汇总参考表

项目分类	审批部门			
	预算申请部门经理	公司管理预算工作小组	总经理	所有上级预算管理工作小组
一、预算内项目				
正常项目	√			
预警项目	√	√		
二、超预算项目				
公司其他部门在同一项目有预算剩余，且此次超预算支出不超过总结余金额的10%	√	√		
公司其他部门在同一项目有预算剩余，但此次超预算支出超过总结余金额的10%	√	√	√	
公司该项目无预算剩余	√	√	√	
公司该项目无预算剩余，且超预算项目对净利润预算金额影响差异达5%以上或影响金额在30万元（含）以上	√	√	√	√
三、预算外项目				
该预算外支出对公司整体利润预算完成情况未造成影响或影响金额小于30万元	√	√	√	
该预算外支出对净利润预算金额影响差异达5%以上或影响金额在30万元（含）以上	√	√	√	√
四、预算方案调整				
预算方案调整	√	√	√	√

正如表6.3-1所示，预算管理部门应结合企业实际情况，将预算外支出区分成不同类别，分别结合事前、事后审批流程及审批权限金额的划分界定，进行二次设计，形成相应的预算外支出审批制度并予以执行。

4. 审批流程

为有效进行预算外支出的分级授权，企业应事前规定相应的专门审批流程。审批流程的要点如下。

（1）申请预算外支出的部门需编制专项预算报告，由企业主管领导签署意见，报企业财务部门。专项预算报告包括以下内容。

①增加预算的依据。

②年度新增预算支出和拟调增预算的原因，及新增预算的计算依据。

③预算调整的金额及对年度指标的影响。

④年初未纳入预算的原因分析。

⑤其他需上报的资料。

（2）企业财务部门对预算外支出专项预算报告审核分析后签署意见，并报总经理审批。

（3）将经批准后的预算外支出项目，纳入各部门年度专项预算管理范围。

（4）各部门将预算分解落实到各月，按预算管理流程安排支出。

6.3.2　总量控制

预算外支出的总量控制，即只需要确保具体业务所在的总项目额度不超出预算，此业务即可进行。超出预算总额度后，业务是否需要继续进行、支出是否需要继续发生，需要经过追加程序进行审批。

在企业中，无论是预算内支出还是预算外支出，其项目都是有种属之分的。例如，内部管理费用支出即综合预算项，可以细分为办公费、差旅费、招待费等。这些具体分支项目的预算各有不同，具体执行部门在确保其总量不超出预算的情况下，完全可以通过内部调剂，对其中部分预算外支出进行调剂和控制。

为做好预算外支出的总量控制，企业及其下属各级执行部门，应履行以下重点工作。

1. 总量控制的原则

（1）下达执行的年度预算，一经批准，一般不予调整。

（2）当内、外部环境发生变化影响预算的执行时，应首先采取措施进行弥补，只有在无法弥补的情况下，才能首先在部门内部提出总量控制范畴内增加预算外支出的申请。

（3）确需发生的预算外支出，经审批同意后要列为专项预算，从严控制开支范围和开支标准。

（4）在审批部门内预算支出过程中，应侧重考查分析部门相关预算总量情况，判断是否有足够的调剂空间和条件，完成此项支出。

2. 预算外支出占用总量的条件

企业应将预算外支出占用总量的条件，下达到各个预算执行部门，确保预算外支出对总量的影响程度是合理、科学的。

例如，某企业规定以下条件为预算外支出占用预算总量的条件。

……当有下列情况之一发生，且有明确证据表明预算目标和现实情形有重大差异，严重影响预算的执行时，可按规定的程序申请总量内的预算外支出。

（1）企业决定追加生产任务。

（2）生产条件发生重大变化。

（3）市场形势发生重大变化，需要增加相应预算。

（4）上级主管单位统筹调整企业发展战略或经营目标，企业重新制订相应经营计划。

（5）发生不可抗力事件。

6.4　人工智能时代的预算控制

人工智能时代的到来，为企业预算控制效率的提高，创造了便利技术条件。企业应充分利用大数据、云计算、系统信息化等信息技术，结合企业管理模式与运营流程的革新，提升预算控制水平。

6.4.1　大数据环境对预算控制的影响

大数据技术的广泛运用，成为企业管理模式的必然发展趋势。企业的全面预算管理，尤其是预算控制过程，正是通过对企业经营数据的挖掘、信息化应用而达成目的的。

随着企业内部环境信息化程度加强，企业预算控制过程将不断完善，这正是大数据应用下企业全面预算管理的重要任务。

理解大数据对预算控制的影响，应主要从以下几点进行分析。

1. 大数据环境带来的契机

大数据，是一种规模海量、流转高效、类型丰富的数据集合，与此相关的信息管理技术，在获取、存储、管理、分析方面的效率，远超出传统信息技术的能力范畴。企业掌握大数据分析的前沿技术，有助于提高预算控制中数据获取、存储、处理、应用的效率和效益。

目前，传统预算管理体系依然是企业预算控制的主流依托，并未充分体现出提升数据价值的作用。通过对大数据的有效加工，与预算有关的数据将可视化、信息化、结构化，便于企业掌握预算控制中数据技术发展的主动权，提高对数据信息使用的效率，借以制订更为行之有效的预算控制策略。

2. 大数据技术的支持

大数据技术，能为企业对预算的控制带来优质技术支持。大数据技术支持要点如图 6.4-1 所示。

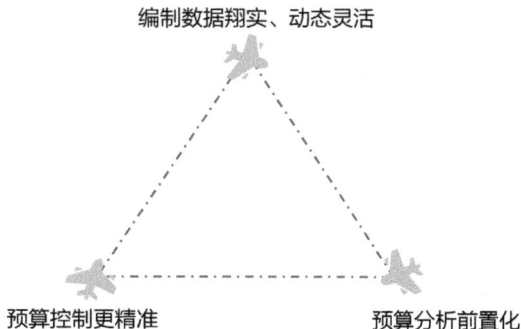

图 6.4-1　大数据技术支持要点

在大数据技术支持要点中，企业应尤其关注以下关键内容。

（1）编制数据翔实、动态灵活。预算控制的基础要点是数据，其中不仅需要预算的历史数据，更需要预测数据，大数据技术能为预算的编制提供积极的数据支持，其数据信息体量远大于传统数据，不仅包含财务数据，也包含多样化的非财务数据，动态灵活，便于调整。同时，借助先进的数据处理技术，可以挖掘出数据表象之下的深层次信息和其相互关系，并且以往难以有效利用的非财务数据，也将在大数据技术的作用下，发挥出新的价值。

在大数据技术作用下，企业将能从具体实际情况出发，更好地贴合市场经济环境，准确编制预算，确保预算的合理性、专业性、权威性，使预算控制得以拥有更为完备的前提。

（2）预算控制更精准。预算控制的日常管理过程是否切实有效，关系着预算控制的工作质量。现实中，由于当前预算管理控制模式下信息联动不足，很多企业未能建立全面覆盖的信息集成共享平台，依然采用人工编制、数据传递方式，财务人员疲于应对，频繁出现预算反馈信息收集不及时、分析出现偏差等情况，影响预算控制效果。

借助大数据环境下的先进技术，企业能够建立大数据管理中心，对数据控制情况进行实时采集、更新，其数据更新速度将远快于传统数据的更新速度，方便对预算进行动态监督和调整，消除预算控制过程中的信息孤岛。不仅如此，进一步引入云技术等信息化手段，可以使得预算控制的具体操作更加方便快捷地进行。

（3）预算分析前置化。传统的预算分析工作，需要等预算期结束、预算执行和控制数据完全出炉后，再进行事后分析和下一期的事前预测。然而，这种预算分析模式会由于其滞后性而无法及时发现执行过程中的问题。

在大数据环境下，由于数据更新和传递时刻都在进行，根据事先设定好的规则，一旦某笔业务发生使得预算额与实际发生额之间出现差异，大数据管理平台就能自动收集信息，并形成翔实的分析报告。因此，实时动态的信息反馈，能够有助于企业及时比对竞争对手，分析差异，并及时调整企业的预算决策，使预算分析发挥更合理有效的作用。

3. 大数据环境的要求

在大数据环境下，企业为更好地推动大数据管理技术与预算控制工作的融合，应认清以下要求。

（1）提升财务人员综合素质。大数据环境，需要企业财务人员在思维、知识、综合能力等方面有新的提升，以更好应对新时期的预算控制过程。在思想上，财务人员尤其是管理者，应真正意识到大数据环境对企业预算控制工作的要求，及时转变管理理念，以全新思维对待工作。在人才结构上，企业应积极开展培训和人才引进工作，确保财务人员能充分了解和掌握相关的数据运行方式和处理方法，进一步优化预算控制工作。

（2）建立大数据管理中心。具备条件的企业，应考虑建立大数据管理中心，负责整合企业内外的数据业务。大数据管理中心可统一负责数据采集、筛选和分析，形成企业大数据共享和协同工作平台，将所有数据集成到专门的数据库中，丰富对预算控制的数据支持资源。此外，还能利用大数据管理中心，加强预算管理的动态监督。系统应能自动通过信息平台发现问题，并向预算执行部门反馈和提醒，随时互传数据，交换意见。

（3）支持自动化处理。无论是预算控制过程本身，还是其前置的预算编制、后置的预算分析环节，都离不开实际执行的数据。因此，提升数据处理效率，实现自动化处理，在大数据环境下非常关键。企业通过建立数据录入、处理的自动化信息系统，进行简便集成的自动化收集和分析工作，能确保数据的准确无误。同时，一部分预算管理人员也将能从大量烦琐的数据工作中解放出来。由此，企业能将更多资源投入数据分析和挖掘潜在价值的工作中。

（4）保证信息安全。企业预算控制，离不开信息系统的支持。在大数据环境下，越来越多的数据控制过程交付给计算机信息系统。因此，维护信息安全，同样是企业预算执行工作健康发展的关键。为此，企业应建立以下管理规则。

①制订预算控制管理的规章制度，严格明确信息技术平台的操作权限，约束和规范相关人员行为。

②建立预算控制管理的信息工作授权机制，未经授权人员不得行使，获得授权人员应在规定权限范围内行使，不得越权或弃权。

③对不同数据信息的使用岗位，设置不同的工作人员，并给予不同操作权限。尤其是数据查看、改动的权限，应只赋予特定工作人员，无权限人员不应获得此类操作的权力。

6.4.2　预算控制如何融入 IT

信息技术浪潮的推进与先进的企业管理理念融合，为企业预算控制的能力提升，带去了更为广阔的空间。将预算控制融入 IT（Information Technology，信息技术）平台，构建管理新模式，是企业面对环境变化发展的新思维、新举措，能有效丰富企业经营管理的手段。

1. 融入 IT 后预算控制的特征

当预算控制融入 IT 后，将表现出以下具体特征。

（1）效率性。预算信息录入、生成和传递的效率显著提高，由于融入了 IT，企业的决策层能随时提取数据，并按需求将之转化为与预算控制相关的管理信息。

（2）合理性。在 IT 环境中，企业内不同经济业务内涉及预算执行的申请、审核、批准等流转过程，都需要在计算机网络中，按照固定的程序和部门权限完成。

（3）战略性。预算控制是全面预算管理的重要组成部分，也是战略管理任务的一种。融入 IT 环境，能将企业战略目标具体化，从而能更好地在日常工作中贯彻实施。

（4）参与性。在 IT 环境下，全面预算管理能便于企业其他职能部门、广大员工积极参与，并使得原先不具有深厚财务知识和较强能力的人员，也能参与到预算编制、执行和分析的全过程中。

2. 融入 IT 后预算控制的差异

在 IT 环境中，预算控制突破了传统管理状态下的重重限制，IT 优势体现在围绕预算控制的多个环节中。

融入 IT 前后预算控制的差异如表 6.4-1 所示。

表 6.4-1　融入 IT 前后预算控制的差异

环节	融入 IT 前	融入 IT 后
控制的事前环节	对历史数据的收集、统计、归纳、整理、分类，工作量极大，工作烦琐，需要花费较多的人力、物力和时间 无法对企业历史数据进行整合，相互之间是孤立的，难以相互融合应用，容易造成历史数据收集的重复和遗漏 手工收集和信息处理无法保证全面预算的顺利编制	对历史数据的收集，可采用多个职能部门多头输入的方法。计算机系统自动对历史数据进行加工处理，各职能部门可按其所需，进行存取和运用

续表

环节	融入 IT 前	融入 IT 后
控制的事中环节	书面信息在企业不同职能部门之间的传递，存在时间差异。控制所需的反馈信息，时效性差。信息不及时导致企业预算控制决策的失误	预算信息处于严密的监控状态，每季度、每月甚至每日，都可对预算执行情况进行检查。执行的实际发生额与预算之间的差异，得以实时显示，企业可对其及时进行调整和纠错
控制的事后环节	需要手工编制若干张不同的分析表，从账簿中摘取誊录大量实际发生额，进行大量计算，明确实际发生额与预算之间的差异手工编制账目的准确性较差，容易导致分析结果出现偏差	全面预算的 IT 化控制，快速、准确、智能化。各个执行部门能通过总账子系统及时、准确地了解到实际发生额，自动计算出实际发生额与预算之间的差异 根据会计期间的变化，IT 系统能不断自动获取数据，为管理者事后的分析，提供技术支持
方法运用	传统预算编制方法，大都采用固定预算、定期预算及预算调整，难以实时反映市场状况变化对预算的影响。尤其当实际业务量偏离了预算编制所依据的业务量时，预算执行就会失去原有的控制和评价的标准	能建立不同的预算方法模型，提供多种业务量的预算，依据不同编制方案，设置不同预算控制的形态

3. 融入 IT 后预算控制的解决方案

在融入 IT 后，预算控制的解决方案，主要包括以下四项内容。

（1）控制体系的制订。控制体系应包括责任中心管理体系、预算项目管理体系。通过信息技术对责任中心、预算项目相互之间的有机联系，形成全方位预算控制管理体系。

（2）预算编制。IT 环境下的预算编制，严格规范了信息传递路径，实现了信息内容和流程的标准化。IT 环境提供了远程登录处理业务的功能，为不同工作具体规定了处理期限，对于逾期未能处理的业务，系统将会给予警示，确保预算编制工作准时完成。

（3）预算控制。传统全面预算管理系统由于缺乏 IT 环境下的集中管理方法，无法实时获取动态数据，使得预算控制往往会落后于实际。在 IT 环境下，预算控制主要通过以下两种方式完成革新。

①过程控制，即将业务流程控制、权限控制，内容固化到信息系统，通过

业务中心的业务流转，实现对过程的控制。

②结果控制，即通过预算和实际情况的对比分析，实现事后控制和反馈控制。

（4）预算分析。IT环境下，可对预算控制提供及时灵活的分析资料，如多种图形分析、即时查询分析等资料。通过分析差异形成原因，评价不同责任主体的工作业绩，按照奖惩制度，将评价结果与不同预算责任人利益挂钩，对其未来行为决策加以正面影响。

4. 融入IT后预算控制的保证手段

采取以下手段，能保证预算控制在融入IT后，获得更良好的控制结果。

（1）再造和重组。企业应将主要的预算业务流程进行改造，对其中非增值部分的执行流程予以简化合并，重新进行业务流程的设计，剔除或减少重复出现的流程，对企业组织结构和分工体系进行优化改善。

（2）编制预算控制手册。预算控制手册，是对企业各部门各项具体经济活动加以规范、实施预算控制的纲领性文件。该文件重在提高企业内部控制的质量和规范业务流程。编制严格统一的预算控制手册，能对各项与预算执行有关的业务流程、部门职责权限加以明确。

（3）权限设定。通过预算控制手册，明确划分不同的业务，对各类业务设定流转程序，对其中每个环节制定审核、审批的权限，明确不同责任主体的权利，从而提高IT环境下内部控制的执行效果。

总之，融入IT环境的预算控制解决方案，不能是手工预算管理流程的简单复制和改动，而应是对企业经济业务原始信息统一的数据库管理。在该管理平台上，企业财务部门和其他执行部门能根据自身需要调用数据信息，实现信息系统全面的资源共享。为此，企业应将适用的IT，结合管理型财务软件的现有功能，充分发挥计算机数据处理、远程通信、实时控制、在线管理的多种优势，从而保证预算控制目标的实现。

6.4.3 预算控制系统信息化的工具选择

缺乏先进信息化工具支持的预算控制管理过程中，预算数据编制、汇总的工作量很大，许多预算管理人员都不得不将精力和时间消耗在数据的收集、检查、审核与汇总等工作中，导致工作效率较低。由于缺乏先进信息化工具，很多企业将全面预算的执行和控制，演化为相对静态的管理过程，这也使得预算控制体系中的诸多方法，难以发挥出最大作用。

因此，为了明确预算控制系统信息化的工具特性，管理者必须首先从找到解决问题的渠道入手。

1. 预算控制信息化面临的困难

在预算控制信息化过程中，普通企业时常会面临以下困难。

（1）协作困难。传统预算控制环境缺乏统一的工作平台，数据缺乏有效组织和共享，大量信息分别散落在不同业务部门，难以有效进行组织利用，各个部门的数据信息有不同版本，容易发生混淆……这些都会给企业各个部门协作控制预算带来较大困难。同时，由于缺乏有效的协调平台，企业全面预算的申报、审批、下发的管理流程，也会因为各部门的沟通效率低而放慢速度。

（2）控制能力不足。全面预算制订、执行和分析的过程，本身属于企业对资源进行优化、组合的过程。在确定预算编制后，由于企业缺乏有效手段对预算的执行进行事前和事中实时控制，预算控制的资源配置作用难以充分发挥，预算执行和控制的手段变得互不关联。

（3）分析过程漫长。由于没有专业信息系统工具的支持，企业从预算执行过程中提取实际发生数据，需要花费大量时间和人力，其周期漫长，难以满足迅速变化的外部市场环境要求。同时，漫长的分析过程，也使得滚动的预算调整无法实现。

2. 预算控制对信息系统工具的要求

预算控制对信息系统工具提出了完整的功能要求。广义上，一个完整的预算控制信息系统工具，从模块上应包含管理平台、预算编制、预算控制、预算分析等四个主要的功能模块。

（1）管理平台。预算控制信息系统工具应能允许管理人员灵活定义预算方案，同时能对预算的编制、审批、控制、分析、调整等予以全程支持。更重要的是，预算控制信息系统工具应能为管理决策层提供直观的关键指标数据展示，动态显示预算的关键指标数据及指标的实际执行情况，并能针对特定指标挖掘到明晰的业务和财务数据。

（2）预算编制。预算控制信息系统的预算编制功能如表6.4-2所示。

表6.4-2　预算控制信息系统的预算编制功能

预算编制工作要求	预算控制信息系统的对应功能
涉及企业销售、生产、采购、财务等多方面	信息系统应能灵活全面覆盖企业的复杂业务、财务模型
企业的业务逻辑会有所变化，并随着企业管理水平提升而精细化	信息系统的预算模型应能适应不断变化的管理需求和业务逻辑，能不断拓展和深化
要求企业各业务部门广泛参与，各自处理相应的数据	信息系统应具有完善权限管理功能，能设定数据管理权限，保证企业数据安全
在大型企业中，各业务部门的地理位置可能距离较远	信息系统应具有较强的可扩展性，能适应不同的互联网环境，确保本地和外地用户，都能方便参与到预算管理的过程中
预算编制组织协调难度较大	信息系统应能提供预算管理的流程支持，可以做到数据分发汇总的自动化
预算编制过程中有大量的财务规则	信息系统应能提供智能的财务工具，包括迅速录入、提供业务预测功能、自动生成预算财务报表、支持自定义财务模型等，从而减少预算公式设置
预算编制和调整的过程容易造成版本混乱，不利于执行	信息系统应具有良好的版本管理功能，可以保存不同版本的数据

根据表6.4-2，企业可有的放矢选择最合适的预算控制信息系统。

（3）预算控制。预算控制行为大都与日常审批流程相结合。在业务活动发生前，企业内部各层级责任单位，应通过相应的审批流程，达到事前控制目的。在审批流程中，预算控制信息系统工具应保证业务活动的申请者、审批者，都能通过该工具得到相关的预算信息，包括预算数、预算已发生数和预算余额，据此做出业务活动是否能发生的判断。

从业务活动发起者填写申请单，到部门负责人审批、财务复核审批、主管副总经理或总经理签字审批的过程中，预算控制信息系统工具应能自动在该项业务申请单上显示与活动相关的年度总预算数、本月预算数、预算已执行数、实际发生数等。预算控制信息系统工具应具有和财务核算系统、业务系统、预算编制系统相联系的数据整合能力，确保各环节的信息能无缝对接。

（4）预算分析。预算分析是预算控制的基础准备工作。预算控制信息系统工具应能对已有的预算、实际发生数据进行灵活快速的查询与分析，避免仍然以传统方式的复杂报表或公式来呈现。

预算分析对预算控制信息系统工具的要求如表6.4-3所示。

表6.4-3 预算分析对预算控制信息系统工具的要求

预算分析工作要求	预算控制信息系统工具的对应功能
从不同角度了解预算执行情况，发现差异，寻找原因	应支持多维数据分析，灵活迅速地完成各类数据分析和查询操作
实际数据分散在财务、业务、企业资源计划（Enterprise Resource Planning，ERP）、客户关系管理（Customer Relationship Management，CRM）等系统中，提取数据耗费大量时间	应提供数据接口工具，并能整合不同业务系统中的数据
实际情况发生变化后，及时准确预测调整后的预算需求	系统应提供预测和模拟的功能，迅速进行预算调整

表6.4-3中预算分析对预算控制信息系统工具的要求，为企业确定满足自身需求的预算控制信息系统工具指明了具体方向。

3. 具体的预算控制信息系统工具选择

目前，市场上常见的预算控制信息系统工具，主要包括EXCEL、ERP系统的预算管理模块、基于多维数据模型的专业预算管理软件三类。预算控制信息系统工具的优劣对比如表6.4-4所示。

表6.4-4 预算控制信息系统工具的优劣对比

产品	优势	劣势
EXCEL	功能通用，使用方便，具有较高灵活性 提供大量的公式、宏等计算工具 购置成本低廉，性价比高	主要针对个人使用，难以为多人和部门提供协同工作机会 二维表格体系，数据管理能力不足 缺乏对预算模型的直接支持，需要自行定义公式 预算模型调整步骤烦琐 无法自动获取实际数据

续表

产品	优势	劣势
ERP 系统的预算管理模块	提供多人协调工作的平台 提供了一定的业务、财务模型，公式定义直观 能紧密集成财务和业务数据 预算控制能力强大	不支持或仅有限支持多维数据模型 预算模型受限于 ERP 数据的基础 与业务操作系统的集成较为复杂 偏向业务操作层面，缺乏宏观分析能力
基于多维数据模型的专业预算管理软件	专业的预算控制平台 基于多维数据模型，其定义、编制、分析效率很高 提供业务和财务模型，有效减少自定义公式 专业数据继承工具，能有效对现有系统数据进行整合	缺乏事前控制功能，需要和其他系统配合使用

借助表 6.4-4，企业可明确不同预算控制信息系统工具的特点。

6.4.4 业务思维与财务思维的无缝融合

全面预算的管理和控制，承接企业的战略目标，对企业内各部门、各单位的财务和非财务资源进行分配、考核、控制，从而有效组织和协调生产经营活动，完成战略经营目标。因此，在预算管理控制中，业务和财务的思维应无缝转化、高度融合。

1. 融合的趋势

业务与财务思维的融合，是预算控制内容的显著特征，其实际趋势表现为业务思维向财务思维的延伸以及财务思维向业务思维的延伸。

在全面预算控制中，业务与财务思维的融合，主要表现为以下趋势。

（1）数据支持。财务部门利用数据优势，辅助业务过程中的控制决策。业务部门则通过详细的控制计划，让财务部门的预算编制和分析有明确依据。

（2）评价指导。财务部门通过对业务过程的控制、对业务结果的评价，影响改善以后的预算决策。

（3）人员对接。业务与财务的具体执行人员，是融合的关键人员，主要负责经营行为的分析、资源配置、风险管控和量化绩效等工作中的对接。其具体任务如下。

①财务人员需要学习业务知识、熟悉业务语言，将控制工作的范畴向前延伸到具体业务，参与到具体业务流程和模式的思考与设计中，管控过程中的风险。同时，向后分析预算执行中的异常数据，发现原因，辅助决策。

②业务人员需要学习财务知识，根据部门和岗位的经营计划，积极预判财务结果，结合预算控制的目标，对经营行为加以均衡。

2. 融合的应用

业务与财务思维的相互融合，必须体现在企业实际经营中，以具体应用取得的成果去激发员工，唤起融合积极性。

（1）财务向业务融合的应用。在预算执行中，业务的变化体现为财务的结果，可以体现为财务数据变化。财务向业务融合的应用过程，重点在于财务部门寻找到业务变化后，明确与之有关系的过程，在预算数字上分别会有怎样的变化。

例如，某企业主打两款产品的销售，分别面向中端和低端客户。最近销售部门发现，面向中端客户的产品滞销严重，因此在制订营销策略时，考虑降价促销。在重新制订产品销售预算过程中，财务就需要将思维积极向业务融合，包括提供成本价、产品贡献变化、用历史数据建立价格变化对销量影响的模型、模拟定价对销量的影响等，参与到业务的决策过程中。

（2）业务向财务融合的应用。作为业务部门，其经营计划应能支撑财务预算，并体现预算的意义。

例如，某大型建筑类企业，主营业务周期长、投资大，为了让预算控制更为精准，企业决策层决定建设财务一体化平台，推动业务向财务思维的融合。

通过一体化平台，从项目立项开始，即完成全周期的现金流量预算编制。其中由工程、物资、后勤等业务部门，共同完成项目成本测算。各部门依据合同约定的收款比例、预收等条款，预估收款金额，同时依据各成本项以往的付款情况，预估各项成本付款金额。通过上述步骤，形成资金流入和流出的全周期现金流数据。

在项目执行过程中，各业务部门根据项目现金流实际收支情况，结合项目成本测算、收付款安排，进行项目后续阶段的现金流预测。

通过上述方法，该企业的各业务部门具备了财务部门看待预算的思维，形成了充分融合。

第 7 章
预算考评

　　预算考评，是对企业内各级责任部门预算执行结果的考核和评价，是广义预算控制过程的一部分，也是整个预算管理循环过程中承上启下的重要环节。

　　公正、客观的预算考评结果，能推动全面预算管理对企业的约束与激励作用的发挥。因此，预算考评必须建立严明体系，坚持科学原则，运用缜密指标，形成规范的制度。

7.1 预算考评体系设计

预算考评的目的，并非简单对责任部门、责任员工执行预算的业绩进行评估，而是有效规范责任者的预算执行行为，引导企业全体员工共同实现企业整体预算目标。

在设计预算考评体系时，管理者必须将企业的战略目标和全面预算管理体系紧密结合。

7.1.1 预算考评体系的内容

预算考评，其复杂度高、重要性强。预算考评体系的设计，不仅影响考评本身的效果，更会改变企业长期的预算管理水平。为了规范预算考评工作，发挥其激励和约束作用，企业应建立健全预算考评体系。

预算考评体系的主要内容包括五个方面，如图 7.1-1 所示。

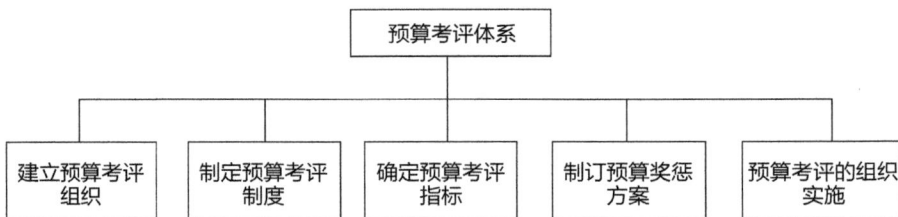

图 7.1-1 预算考评体系的主要内容

1. 建立预算考评组织

预算考评机构应由企业预算决策层即董事会直接领导，在实际操作中，可以根据企业内部层次划分，组建两个不同的预算考评机构进行考评。

（1）对企业高管人员的预算考评。考评人员应由董事会指定的预算管理部门、财务部门、人力资源部门、审计部门的专业人员组成，对企业高管人员预算执行情况及结果进行考评，从而为兑现高管激励及选拔、任免经营人员提供依据。

（2）对企业除高管外的各部门预算执行人员的预算考评。考评人员应具备良好的业务素质和职业道德，应以预算管理部门、人力资源部门的职能人员为主，并抽调财务、审计、主管业务人员等专业人员组成。

（3）预算考评机构的组建与运行原则有以下两点。

①上层考核下层原则。由于预算指标的最终下达是由上而下的，预算考评机构的运行也应该秉承同样原则。上层应考评其下层的预算管理工作，而下层无权考评上层。

②分层考评原则。预算考评的组织运行，应当是逐层进行的，不得进行越级考评，以实现责、权、利的有机统一。

2. 制定预算考评制度

预算考评制度应实现对预算管理全过程的制度化管理，包括预算编制考评制度、预算执行考评制度、预算控制考评制度、预算分析考评制度、预算核算考评制度等。通过建立健全预算考评制度，能够充分实现预算考评的制度化与规范化管理。

3. 确定预算考评指标

预算考评的目的，是确认预算执行部门在预算期内的预算执行情况，督促预算执行部门圆满完成预算目标。同时，预算考评还应致力于推动责任部门之间的横向协作，即各个责任部门既应努力完成自身的预算目标，也应尽力为其他责任部门完成预算管理目标创造条件。

企业只有建立科学的预算考评指标体系，并严格依照考评指标进行预算评价和实施奖惩手段，才能督促不同的责任部门积极纠正预算偏差，完成预算目标，确保实现企业总体预算目标。

在确定预算考评指标时，主要应实现以下四个方面的结合。

（1）局部指标与整体指标的有机结合。预算考评指标应以各责任部门的预算指标为主，同时必须本着相关性原则，增加全局性的预算指标、与其关系密切的相关责任部门的预算指标。

（2）定量指标与定性指标的有机结合。预算考评要以定量指标为主，同时辅以定性指标。

（3）绝对指标与相对指标的有机结合。绝对指标与相对指标的确定，应根据各个责任部门具体收入或成本项目的特点确定。通常以绝对指标为主，相对指标为辅。

（4）长期指标与短期指标的有机结合。预算指标应以预算期的短期指标为主，同时也应以长期指标辅助，以此关联到企业的长期战略利益。

4. 制订预算奖惩方案

在预算执行之前，应确定预算奖惩方案，并作为预算目标责任内容的重要部分，传递给具体的责任部门和员工。设计预算奖惩方案时，不仅应考虑预算执行结果与标准之间的差异和方向，还要将预算目标直接作为奖惩方案的执行基数，从而鼓励各责任部门或员工，尽可能提高预算的准确性。

预算奖惩不仅应和本责任部门或单位的预算目标挂钩，还需要和企业整体效益目标挂钩，从而确保企业预算总目标的实现。

5. 预算考评的组织实施

预算考评在整个预算管理过程中都发挥着重要作用，贯穿了预算编制、执行到结束的全过程。因此，预算考评的组织实施是分阶段进行的。

（1）预算编制考评。该阶段考评的主要内容是建立预算编制考评制度，对各预算编制部门编制预算的准确性、及时性做出考核与评价，促进各部门保质、保量、按时、高效地完成相应工作。

（2）预算执行考评。预算执行考评重点在对预算执行和标准之间的差异，进行及时确认和处理。因此，该阶段预算考评的主要内容，是建立预算执行考评制度，对各部门预算执行过程进行考核与评价，及时发现预算执行中存在的预算偏差问题，为预算管理部门、执行部门实施预算控制、纠正预算偏差或进行预算调整提供依据。

（3）预算结果考评。预算结果考评属于事后考评，是以预算目标为依据，以各个预算执行部门为对象，以预算结果为核心，对各预算执行部门预算完成情况进行的综合考核与评价。

预算结果考评包括对结果的考核和奖惩制度的落实。例如，年度预算执行结束后，企业董事会对预算执行结果进行考核，其中的主要内容是对预算责任部门进行考核，按照预算结果考核的规定程序，对各个责任部门的预算执行情况进行评价，即主要对预算管理各环节工作质量的评价，目的在于促进预算管理水平提高。

7.1.2 预算考评的程序与方法

预算考评的实施，应围绕预算考评体系的建立和运行思想，采取一定的程序和方法，实现考评目的。

1. 预算考评的程序

企业的预算考评，通常按以下程序进行。

（1）明确预算考评机构内部分工。预算考评机构通常由管理、审计、财务、人事、业务等部门的专业人员联合组成。在预算考评开始之前，应明确其内部职责分工。预算考评分工如表 7.1–1 所示。

表 7.1–1 预算考评分工

部门（人员）名称	考评分工
管理部门	负责考评牵头，应客观公正，发现不足点
审计人员	考核财务指标完成情况
财务人员	考核财务基础管理工作，解释个别指标调整原因
人事人员	考核工资和奖金等报酬性支出兑现情况
业务管理人员	考核基础管理情况，如业务量指标等

结合表 7.1–1 所示的预算考评分工，企业可对预算考评机构的总体职责进行以下划分。

①对被考评部门预算编制、执行和调整情况进行检查与核实。

②对被考评部门的经营运行情况进行信息收集和评价，为其下期预算制订提出建议或意见，促进预算管理水平的持续提升。

③对全面预算管理方案进行评价，为企业奖惩提供依据。

（2）制订具体预算考评办法。预算考评机构应制订详细的考评实施办法，确保其具有可操作性。在预算期结束后，应按照考评实施办法，对相关预算责任部门或人员进行考核。

在制订详细的考评实施办法时，积极完善已有的预算编制考评制度、预算执行考评制度、预算控制考评制度、预算分析考评制度、预算考评指标选用制度等相关制度。

（3）收集信息资料。对预算的考核与评价，必须建立在全面准确的信息资料基础上。在预算期结束后，预算考评机构的各层级应立即开始收集与考评相关的信息资料。预算考评所需资料，主要包括内部资料和外部资料两个方面。

①内部资料，主要是有关预算目标和执行情况的资料，用以确定预算差异。

②外部资料，包括影响预算执行结果的外部因素信息，如外部因素的变动信息、外部市场的可比信息等，用以进行差异原因分析。

（4）比较差异，区分情况。通过对信息资料的分析，考评主体应积极比较实际情况和预算之间的差异情况。根据其具体性质，将之区分为以下两类。

①有利差异，主要指实际情况好于预算情况，如实际销售总收入高于预算总收入，某项费用支出的实际金额小于预算支出等。

②不利差异，与有利差异相反，即实际情况劣于预算情况，如实际销售总收入没有达到预算总收入的设定标准，某项费用超过了预算标准等。

预算考评的最终目的，是消除上述差异中的不利差异，扩大有利差异，确保企业的战略目标能更加顺利地实现。因此，对实际与预算的差异进行比较确定，应着眼于具体发现差异形成的原因和责任，采取对应的措施。在收集到相关资料，进行整理计算后，应对预算指标进行逐项比较，列出各种差异，确定差异额，掌握差异形成的原因，为预算考评提供依据。

（5）分析原因，明确责任。在这一程序中，评价主体应负责对各项差异进行分析，查找原因。通常情况下，差异形成的原因主要包括内部工作因素和外部因素两个方面。

在进行差异分析的过程中，尤其应注意表面是有利差异，实际上为隐性不利差异的现象。过多的有利差异，很可能意味着预算编制质量不高，会降低预算的计划和控制作用。

（6）撰写报告，发布结果。经过预算考评后，预算考评机构需要就考评的情况和结果，撰写考评报告。报告应对预算管理的成绩进行肯定、指明问题、找出原因，并为企业实行奖惩指明方向。

预算考评结果的内容，主要包括以下两个方面。

①预算执行、调整、监控，分析考评指标与考评情况说明。

②预算考评评语，内容包括预算执行业绩、实际表现、优缺点、努力方向等。

预算考评完成后，企业预算管理委员会办公室应及时对预算考评结果进行整理归档，并报董事会审批和发布。

2. 预算考评的方法

对预算管理工作进行考评，实际可利用的方法是多样的，主要包括以下几种。

（1）指标法。运用绝对量指标、相对指标、技术指标等，对预算进行考评。

（2）趋势法。由于越来越多的企业重视持续经营能力发展，趋势法也成为预算考评的重要方法，涉及总营业收入趋势、成本变动趋势、市场占有率趋势、利润变化趋势等。通过将若干年历史数据和当期数据对比分析，判断未来发展趋势，可以考评企业或部门的预算情况和结果。

（3）评语法。通过民主测评、个人述职等方式，结合其他测评结果，由考评主体直接撰写评语，对被考评人进行评价。评语内容包括工作业绩、实际表现、优缺点、努力方向等。

（4）关键表现法。关键表现，是指被考评的预算责任部门或个人，在预算管理过程中的优秀表现和不良表现。对于这些表现平时应做好书面记录，经过综合整理分析，最终形成考评结果。

（5）相对比较法。相对比较法是对具有相同预算任务或采用相似预算指标的不同部门、员工进行评价考核的方法。使用该方法，应对预算部门或员工进行两两分组比较，保证企业内任何部门、员工都参与比较。通过比较，对其中表现较好的部门或员工计分，对表现较差的部门或员工不计分。所有部门或员工相互比较完毕后，将每个部门或员工的自身得分相加形成总分，总分越大，预算考评成绩越高。

（6）序列比较法。该方法侧重于对具有相同预算指标或任务的部门或员工进行考评，将具有相同预算指标或任务的部门或员工放在同一考评模块中进行比较。根据比较结果，列出其预算管理工作效果的排列顺序，较好的排名在前，较差的排名在后，依据实际排名进行奖惩。

（7）目标考评法。根据被考评部门或员工对绩效管理工作指标完成情况，进行有效考核。在预算期开始之前，考评机构应与被考评部门或员工，对需要完成的预算工作内容、时间期限、考评标准等达成统一意见。预算期结束时，考评主体应根据被考评部门或员工工作的表现，依照既有的考评标准进行考评。该方法主要运用于推行目标管理的企业中。

（8）等级评估法。该方法将被考评预算责任部门或员工的工作内容，划分为相互独立的模块。在各个模块的标准中，运用明确语言描述责任主体可能的表现，如"优、良、合格、不合格"等，用以对被考评对象实际工作进行评估。

在预算考评中，企业可以根据实际需要，将上述方法进行组合使用，保证考评结果的客观性和提高考评结果的可信度。

7.2　预算考评原则

进行预算考评，必须遵循一定的原则，以保证考评过程的公正客观，提升考评结果对企业管理工作的指导价值。预算考评通常应当遵循以下五条原则。

7.2.1 可控制性原则

预算考评既是为了确定预算执行结果的责任归属，也是企业内部各预算执行责任主体利益分配的过程。因此，预算考评的基本要求是客观、公正、合理。各责任主体应该以责权范围为限制，对其能够控制的预算差异负责。

因此，对各责任主体考评与评价的内容，应该是各责任主体所能控制的业务因素。只有可控因素带来的预算差异，才能由对应的预算责任主体负责，而其不能控制的因素，则无须负责。

为此，在预算考评指标的设计中，凡是具体责任主体自身无法控制的影响，就应坚决予以排除。

例如，某国有企业的下属部门，其产品单价受所在行业国家政策改变的影响，营业收入减少。这一减少部分，与该部门无关。因此，对该责任部门的收入考评，应该重点参考原有的收入预算单价进行，而不能用调整后的产品单价进行收入预算考评。

同样，在对不同责任部门的预算考评过程中，如果出现类似不可控因素，导致预算执行结果和预算标准之间产生差异，应将该差异予以剔除再进行计算。

预算得以正确实施的基础，是实际责任部门的责、权、利对等。对责任部门的考评，应以资源是否受其实际控制为基本原则。对责任部门不可控的资源因素进行强制考评，可能会适得其反，导致责任部门积极性下降，从而产生抵触情绪。

当然，可控是相对的而并非绝对的。只要实际责任部门对某资源具有重大影响或作用力，就不能认为其缺失控制。在考评中，要避免因为片面强调可控而带来的推诿行为。

7.2.2 风险收益对等原则

预算考评应遵循风险收益对等原则。该原则要求在对各预算责任主体考评时，应注意将预算责任主体的风险与收益相匹配，使其权责对等。

预算考评对预算责任分担过程的关注，实际上是对上下级之间代理过程的分析与检验。对任何代理过程的研究，都离不开对委托人和代理人两者风险与收益的平衡。为实现风险分担与收益分享之间的公平性，预算考评原则必须遵循风险收益对等原则。

预算责任分担的过程，同样具有委托代理关系的三种风险收益对等模式。预算责任分担的风险收益对等模式如表 7.2-1 所示。

表 7.2-1　预算责任分担的风险收益对等模式

上级（委托人）	下级（代理人）
承担全部风险	固定报酬，风险最小，期望收益最小
分担风险	部分固定报酬，风险均衡，收益均衡
不承担风险	无固定报酬，风险最大，期望收益最大

通过解读表 7.2-1 可知，在预算责任分担过程中，三种模式各有利弊，其核心在于对风险收益的均衡，实现彼此利益的最优。在预算考评中，如果企业选择了表中第一种模式，则不可控因素所带来的预算差异，应该由预算责任体系内的上级负责；反之，则按照各自应承担的风险负责。

一般而言，在企业内较高层次的预算责任分担关系中，倾向于由下级即代理人承担较大风险，以增强他们对预算管理的责任心和使命感。在较低层次的预算责任分担关系中，需要让下级承担较小的风险，如此才更便于实现责、权、利的对等关系。只有把握这一实践原则，预算考评才能真正实现风险和收益的对等。

7.2.3　总体优化原则

预算管理要求通过不同责任主体的积极性、主动性，实现预算目标。但在实践中，责任主体都具有一定权力，同时承担相应责任和风险，他们很自然地会在实际经营中，将自身利益最大化作为目标来看待预算管理。通常情况下，由于责任主体和企业整体的利益目标是统一的，能够在实现局部利益最大的同时，实现整体利益最大。但当局部利益和整体利益出现矛盾时，就可能产生责任主体对自身利益的偏重，而忽视了企业整体利益。

例如，在预算执行过程中，销售部门只注重销售，而不注重资金的收回；生产部门只注重生产产品的数量，而忽视成本的节约、质量的提升等。这些问题都会对预算管理造成干扰，并影响预算考评结果。

在预算考评标准的制订过程中，应该避免因局部利益而损害整体利益。无论是个人还是部门，其业务目标的实现，都应有助于企业实现整体预算管理目标，而并非相反。此外，为了提升预算考评的激励效果，应要求预算考评指标的设计更为科学和均衡。

例如，对企业利润中心的考评，片面采用"部门投资报酬率"，很容易引发矛盾，而可以改为利用"剩余收益"作为考评指标。

同时，还应对考评指标进行体系化建设。例如，对仓储部门，不仅应该考评资金占用量，还应该考评供应的及时情况。对部门人员，必要时可在一定范围内实行集体考评。

7.2.4 分级考评原则

分级考评原则，要求预算考评的过程，应与预算目标的确定、分解过程相互适应。

所谓分级，即预算考评主体应围绕每一层次的责任主体所实际拥有的权力、承担的责任，进行预算管理业绩考核评价。分级考评，是实现各层级责、权、利相结合的基本要求，也是激励与约束机制作用得以发挥的重要保证。

具体到工作方法上，分级考评原则要求预算考评能根据企业预算管理的组织结构层次、预算目标的分解层次，进行分级考评。其中，预算执行部门或员工，是预算考评的主体对象，各个责任单位应负责对其所属的下级责任部门或员工进行预算考评。同时，本级责任单位的预算考评，应由其所属上级部门进行。

7.2.5 公平、公开、公正原则

预算考评应将预算考评制度、预算执行结果、预算目标和实际差异作为基本依据，按照公平、公开、公正的原则进行。预算评价本身不可避免地存在一定的主观性，但最终结果必须以客观事实作为依据，只有这样，才能实现考评结果的客观真实。

为了保证预算考评的公平、公开和公正，在企业进行预算考评时，应注意四个方面的操作要点，如图 7.2-1 所示。

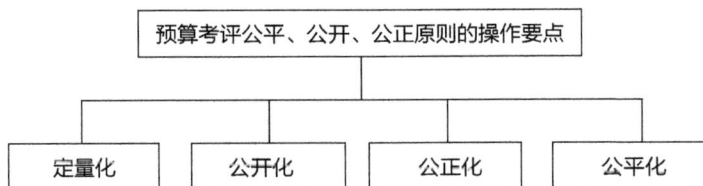

图 7.2-1　预算考评公平、公开、公正原则的操作要点

1. 定量化

预算考评指标应尽量以定量化指标为主，应用数字来描述实际情况，减少主观成分与人为干预。

2. 公开化

预算考评工作应最大限度减少考评主体和被考评责任主体双方认识的差异，形成全面透明的沟通环境。考评方法、标准和程序，应该在考评前充分公开，考评过程应严格按照预算考评的制度进行，考评结果也应及时公开，对出现争议的相关考评标准、结果，应通过分析、研究、协商、复议等方法，及时进行消除。

3. 公正化

预算考评结果应注重事实，避免主观片面。考评过程中对缺乏事实依据的差异，不应急于进行评价和定性，而是应该进一步收集信息，形成意见。

4. 公平化

负责和参与预算考评的人员，应具备客观公正的优良品质，实行轮流考评制度。如果企业条件允许，应考虑聘请独立董事或社会中立机构人员参与，以保持预算考评的客观性，增强被考评责任主体的公平感。

7.3 预算评价指标

预算评价的意义，在于引导企业内各责任单位，使其对预算的控制行为能适应整个企业的战略发展方向。因此，企业必须有一套行之有效的指标，对各责任单位的预算管理绩效加以评价。

从企业整体角度来看，预算考评，既要从内部流程角度、财务角度和学习与成长角度三个方面进行考评，也要从供应商角度、客户角度和竞争者角度进行考评。根据不同的责任层级，企业也应对考评指标做出适当增减。

7.3.1 财务业绩评价指标的选择

传统的预算考评，通常以财务业绩为主要预算评价指标。随着社会环境的发展变化，单一的财务指标，已经无法满足预算管理的要求。如果预算考评主体过多强调财务指标，既不能全面准确地评价各责任部门的经营业绩，也可能迫使责任部门的管理者采取与企业战略目标不一致的短视行为。因此，在选择财务业绩评价指标用以评价预算时，企业应选择更为综合性的分析指标，其中，杜邦分析系统就是较好的选择。

杜邦分析系统，是在考虑各财务比率内在联系的基础上，通过制订多种比率的综合财务分析体系，考查企业财务状况的分析方法。

杜邦分析系统包括以下应用要点。

1. 公式分解

掌握杜邦分析系统，必须对有关公式进行分解。下面是与预算有关的公式分解。

（1）所有者权益报酬率公式分解。

所有者权益报酬率 = 净利润 ÷ 平均所有者权益 × 100%

所有者权益报酬率 = 资产净利率 × 权益乘数

（2）资产净利率公式分解。

资产净利率 = 净利润 ÷ 资产平均总额 × 100%

资产净利率 = 销售净利润率 × 总资产周转率

（3）每股盈余有关公式。

每股盈余 = 净利润 ÷ 普通股股数

每股盈余 = 所有者权益报酬率 × 普通股每股账面价值

（4）每股股利有关公式。

每股股利 = 股利支付额 ÷ 普通股股数

每股股利 = 股利支付比例 × 每股盈余

2. 分析的事项

杜邦分析系统将财务比率、财务指标以系统分析图形式加以整合。通过对该指标体系图的分析了解，预算管理和考评者可以了解以下财务指标事项。

（1）所有者权益报酬率，是综合性很强、与企业预算管理目标相关性最大的指标。该指标由企业销售净利润率、总资产周转率和权益乘数所决定，是预算财务指标体系分析的核心。

（2）企业的税后净利润，是由销售收入扣除成本费用总额，再扣除所得税而得到的。该成本费用又由一些具体项目构成。对这些项目的分析，能帮助预算考评机构寻找企业净利润增减变动的原因。

（3）企业的总资产，包括流动资产和非流动资产，其中流动资产和非流动资产又由具体的项目组成。通过对总资产构成、周转情况的分析，可以发现企业资产与预算管理中存在的问题和不足。

（4）企业总资产由所有者权益和负债两部分构成。通过对总资产结构的分析了解，能判断企业的资产结构是否合理、财务风险是否正常，从而及时发现企业筹资和预算管理中存在的问题，以便采取有效措施改进。

7.3.2 利润中心的考评指标选择

利润中心，是指企业内既对成本负责，也对收入和利润负责的责任中心。利润中心需要肩负控制成本和收入的责任，但不能控制企业的投资活动，主要包括企业内同时具有生产和销售职能，拥有独立性、经常性的收入来源的组织机构，如事业部、分公司、分厂等。

利润中心既对收入负责，也对成本负责，因此其责任预算包括收入、成本和利润三方面内容。由于企业实际运营中，不同利润部门所确认的责任成本范围不同，预算考评指标的选择也有所不同。

1. 利润中心的分类

利润中心的分类如表7.3-1所示。

表7.3-1 利润中心的分类

性质	定义	特点
自然利润中心	可以直接对外销售产品并取得收入的机构	直接面向市场，具有产品销售权、价格制订权、材料采购权和生产决策权。例如，事业部均有销售、生产、采购的权力，有很大独立性，能独立控制成本、取得收入
人为利润中心	对内流转产品，视同产品销售而取得内部销售收入的利润中心	不直接对外销售产品，只对本企业内部各责任中心提供产品或劳务。但具备独立的经营权，能制订合适的内部转移价格

利润中心的分类，可以帮助企业准确理解利润中心的区别，划分利润中心。

2. 利润中心的考评计算方式

利润中心对利润负责，因此对其进行预算考评，必然要考核和计算成本与利润，并将之作为对预算管理业绩考评的依据。利润中心的考评计算方式，通常有以下两种。

（1）只计算可控成本，不分摊共同成本。这种计算方式，适用于共同成本难以或无须进行分摊的企业。按这种方式计算出的盈利，并非通常意义上的利润，而是利润中心的"贡献毛益"。企业各利润中心的"贡献毛益总额"，减去未分配的共同成本后，才是企业的利润总额。

采用这种考评计算方式的利润中心，已经不是原始意义的利润中心，而是"贡献毛益中心"。一般而言，人为利润中心适合采用这种计算方式。

（2）不仅计算可控成本，也分摊不可控成本。这种计算方式，适用于共同成本易于合理分摊，或不存在共同成本的企业。在计算利润时，如果采用变动成本法，应先计算贡献毛益，再减去固定成本。如果采用完全成本法，可以直接计算出税前净利润。

采用这种计算方式计算的各利润中心的利润总额，就是企业的利润总额。自然利润中心一般更适合采用这种计算方式。

3. 利润中心的考评指标

对利润中心预算业绩的考评，主要通过比较预算期内实现的利润与预算利润，并对差异的形成原因和责任进行具体剖析，借以做出正确评价。

利润中心预算业绩的考评指标的选择，有以下两种方法。

（1）针对只计算可控成本的利润中心，采用的指标公式如下：

利润中心贡献毛益总额 = 销售收入总额 − 可控成本总额

（2）针对计算可控成本和不可控成本的利润中心，采用的指标公式如下：

利润中心责任人贡献毛益总额 = 销售收入总额 − 可控成本总额 − 该责任人可控的固定成本

利润中心贡献毛益总额 = 利润中心责任人贡献毛益总额 − 利润中心责任人不可控但高层管理部门可控的固定成本

其中，利润中心责任人贡献毛益总额，主要用于评价利润中心负责人的预算业绩，体现利润中心负责人对其控制的预算资源是否有效利用。

对利润中心的预算业绩考评，除了主要利用贡献毛益这一指标外，还应适当考虑其他指标，如生产率、市场地位、员工态度、产品责任等非货币衡量指标。

7.3.3　投资中心的考评指标选择

投资中心，是指企业内某些分散经营的单位或部门。这些部门不仅拥有制订价格、确定产品和生产方法等短期经营决策权，还拥有投资规模、投资类型等投资决策权。

投资中心和其他责任中心的区别如表7.3-2所示。

表7.3-2　投资中心和其他责任中心的区别

项目	成本中心	利润中心	投资中心
权限	拥有可控成本的控制权 无真正生产自主权	经营决策权	经营决策权、投资决策权
应用范围	最广	较窄	最小
考核范围	可控成本费用	成本费用（可控成本费用、不可控成本费用）、收入、利润	成本费用、收入、利润、投资效果

根据表7.3-2，企业除了了解投资中心和其他责任中心的区别之外，还应了解投资中心的预算绩效考评指标，其中主要有以下两种。

1. 投资报酬率

投资中心的投资报酬率的计算公式为：

投资报酬率 = 部门税前经营利润 ÷ 部门平均净经营资产

采用投资报酬率对预算绩效进行考评，呈现出以下优缺点。

（1）优点。投资报酬率根据现有会计资料计算，比较客观。作为相对数指标，能用于部门之间、行业之间的比较。投资报酬率还能进一步分解为资产和收支的明晰项目，对整个部门经营状况进行评价。

（2）缺点。如果过于看重投资报酬率，投资中心负责人可能会放弃高于资本成本而低于目前部门投资报酬率的机会，导致错失投资机会。此外，他们也可能减少现有投资报酬率较低但高于资本成本的资产。

2. 剩余收益

为了克服投资报酬率作为考评指标的缺点，企业可以引入剩余收益这一绝对数指标，对预算绩效进行考评。

所谓剩余收益，指的是投资中获得的利润，扣减掉投资额（或净资产占用额）按规定（或预期）的最低收益率计算的投资收益后的余额。

所以其计算公式为：

剩余收益 = 利润 – 投资额（或净资产占用额）× 规定或预期的最低投资收益率

采用剩余收益对预算绩效进行考评，呈现出以下优缺点。

（1）优点。剩余收益指标与增加股东收益的目标一致，能够使业绩评价与企业战略目标协调一致，同时允许使用不同的投资风险方案，调整资本成本。

（2）缺点。剩余收益指标属于绝对数指标，不便于进行部门之间的比较。例如，规模大的投资中心，更容易获得较大的剩余收益，但其投资报酬率并不一定同样高，对预算的管理绩效也不一定更高。此外，剩余收益的计算，依赖于会计数据的质量，如果会计数据质量不佳，则会影响预算管理的绩效评价。

为了避免剩余收益的缺点，在使用该指标进行考评时，应在预算期开始之前，建立和各个投资中心资产结构相适应的剩余收益预算，并通过寻找和分析实际与预算的差异，评价投资中心的预算管理业绩。

7.3.4　平衡计分卡对业绩的综合评价

在预算考评过程中，传统的财务指标与面向长期竞争力的考评指标，推动了平衡计分卡这一综合评价工具的出现。平衡计分卡中既保留了传统财务指标，又关注企业的长期发展，采用了衡量未来业绩的驱动因素指标，弥补了财务指标只能衡量过去业绩的不足。

平衡计分卡的目标、指标等内容，均来源于企业的愿景和战略。这些目标和指标主要从四大方面来考查企业的预算管理业绩，即财务、客户、内部流程、学习与成长。平衡计分卡的框架如图 7.3-1 所示。

财务层面

为了取得财务方面的成功，我们对股东应如何表现？	目标	指标	目标值	行动方案

客户层面

为了实现愿景，我们对客户应如何表现？	目标	指标	目标值	行动方案

愿景与战略

内部流程层面

为了使客户和股东满意，哪些流程必须表现卓越？	目标	指标	目标值	行动方案

学习与成长层面

为了实现愿景，我们如何维持变革与改进的能力？	目标	指标	目标值	行动方案

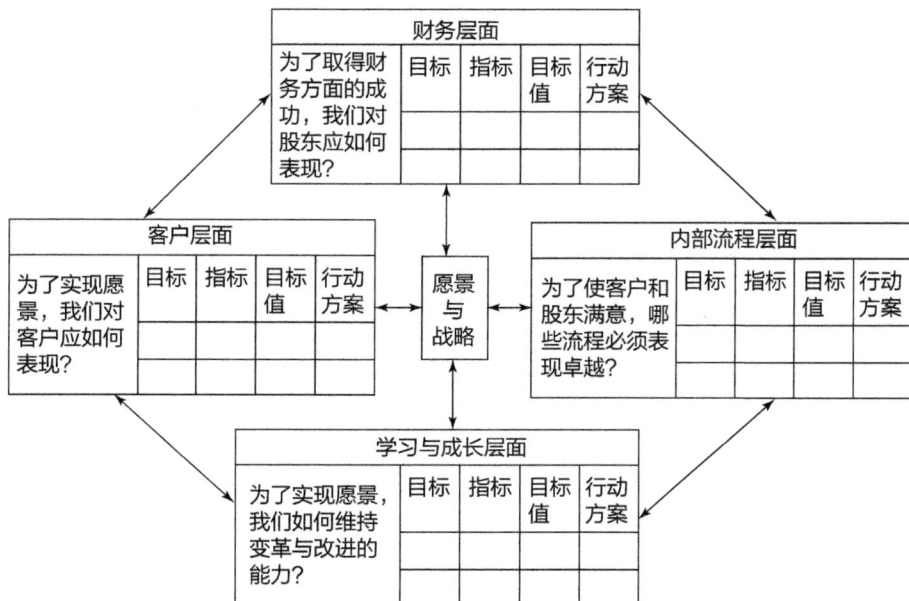

图 7.3-1　平衡计分卡的框架

可以把平衡计分卡看作"飞机驾驶舱"，在这个驾驶舱的仪表盘上，展现了与企业战略相关的各种信息，并体现出了预算管理的业绩，便于进行考评。

1. 平衡计分卡的基本思路与评价指标

（1）财务层面。从长远角度看，利润始终是企业所追求的最终目标，是企业内各预算责任部门经营业绩的最终体现。平衡计分卡保留了传统业绩评价中的一些财务指标，其中典型的指标包括利润、现金流量、资本报酬率、销售增长率以及经济增加值等。

（2）客户层面。将客户方面的评价列入平衡计分卡，体现了企业对外界变化的反应能力。很多企业单纯注重预算管理，却忽视了预算管理的最终目的是满足客户需求。只有了解并不断满足客户需求，预算管理的价值才能实现。

平衡计分卡选择了企业期望在客户方面获得的预算业绩而采取的评价指标，主要包括市场份额、客户保持率、客户获得率、客户满意度和客户盈利性等。其中，市场份额用客户数量、销售数量和销售额计算，强调针对目标客户群的销售。客户保持率，是指企业继续保持与老客户交易关系的比例。客户获得率，是指新客户的获得，体现企业获得新客户的能力。客户满意度，属于综合性指标，能有效反馈企业的生产和经营情况，应通过产品的交付时间、质量和价格的计量来表现。客户盈利性，通常用企业从某个客户或某客户群体获得利润与对应的销售收入的比值来表示。

（3）内部流程层面。企业内部流程，是指从确定客户需求开始，到研究、开发、生产可以满足客户的产品或服务项目，并最终销售和提供售后服务的一系列活动。内部经营活动是企业改善预算管理业绩的重点，同时推动客户满意、实现股东价值最大化，也从这一过程中得到支持。

企业的内部流程，一般而言包括以下三个过程。

①创新过程。该过程是企业确立和培育新的市场、寻找新的客户、开发新的产品和服务的过程。只有不断创新，企业才能不断获得活力和利润。

②经营过程。该过程是将现有产品和服务生产出来，交付给客户的过程。

③售后服务过程。该过程是内部流程价值链的最后阶段，包括担保、修理、退还和付款的管理。

在常见的平衡计分卡中，通过新产品设计、周转时间、质量、成本、返工率、客户付款时间等指标，体现上述三个过程对预算的管理绩效。

（4）学习与成长层面。企业的学习与成长层面，体现了企业获得可持续发展能力的情况。企业为了提升预算管理水准，实现长期战略目标，就不能只满足于利用现有的技术和能力，而要积极寻找具体差距，以学习与成长进行弥补。其相关指标来源于员工的培训、组织程序的改善。其中，对前者的计量指标包括员工满意度、员工流动率和员工劳动生产率等，对后者的计量指标包括员工的合作和交流情况等。

2. 平衡计分卡的计量和考评程序

平衡计分卡抓住企业创造价值的核心，对这些方面进行科学计量，有利于评价各责任主体在预算管理方面的业绩。其中主要的计量和考评程序如下。

（1）确定本单位的预算管理战略。企业决策层可以通过 SWOT 分析，即对预算管理的优势、劣势、机会和威胁进行分析，从而确定预算管理战略。

（2）确定各责任部门的目标、计量指标。企业可以通过与各级部门的管理人员、员工，以及供应商、经销商和客户交流来实现。

（3）确定各部门、各指标的权重。根据各部门、各指标在企业预算管理战略体系中所处的地位，决定其权重。

（4）确定各指标的业绩标准。各指标的业绩标准，即企业预算所规定的标准。

（5）根据各责任主体完成情况，对业绩进行考评，计算得分，并与预算方案进行比较。

当然，平衡计分卡属于主观评价的方法，而并非一种普遍适用的考评体系。各企业应根据自身战略管理要求和外部环境特点，选取不同的角度，确定不同的指标，进行平衡计分卡的设计。

7.4 预算激励机制

为确保预算管理和责任主体的紧密结合，企业应建立完整的预算绩效考核奖惩制度，作为预算激励机制和约束机制的呈现方式，并将之作为预算考评的有机组成。

企业必须构建与预算严格配套的激励机制和奖惩制度，这是保证全面预算管理实施的基本条件。

7.4.1 激励机制的构建原则

在企业全面预算管理工作中，人，是预算的制订者、执行者、分析者和考评者。作为预算工作的主体，员工是否充分发挥主观能动性，是预算工作效果好坏的决定性因素。因此，预算管理工作应做到以人为本，预算激励机制面向的对象，也应是人。

在执行奖惩制度的过程中，企业应充分发挥员工的主观能动性，鼓励各级员工参与预算管理工作，培养他们的主体意识，避免造成强加的错觉。

在上述基础上，预算激励机制的构建应符合五大原则，如图7.4-1所示。

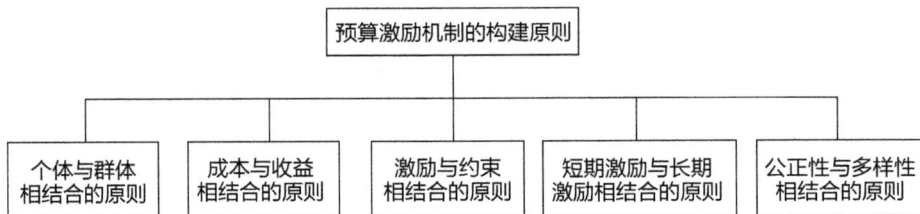

图7.4-1 预算激励机制的构建原则

1. 个体与群体相结合的原则

员工在企业内的工作行为，既是个体行为，也是组织行为。当员工满足自身基础需求，向更高层次需求发展时，实现目标的行为将呈现出更强的群体共同性。此时，预算激励的对象就不再只是个体，而是更为广大的群体。

激励对象的变化，要求激励因素也应有所变化。管理者在构建激励机制的过程中，应采取不同的激励方式和办法。

2. 成本与收益相结合的原则

在预算激励过程中，企业应进行科学全面的成本和收益分析，避免以下两种错误倾向。

（1）过多考虑成本。片面节约激励成本，导致激励实施力度不够，无法达到激励目标。

（2）实施激励措施力度过大，所取得的收益不足弥补耗费的成本。

3. 激励与约束相结合的原则

通过激励促使员工产生的行为，并不一定总是和企业预算管理目标相一致的。在员工个人行为与部门预算管理目标、企业预算管理目标发生偏离时，应通过一定手段，对之进行必要约束，以确保员工的行为能朝正确方向调整。

在传统的预算激励体系构建中，更多侧重于如何奖励。但在现代企业的预算激励中，绝不能只有奖励，也应该包括惩罚和约束。

4. 短期激励与长期激励相结合的原则

企业在构建预算激励机制、采取激励措施时，应防止出现设置的奖励内容过高，迅速提高了员工期望值，而导致激励体系失去应有的作用的情况。在设置奖励内容时，应做到适度、合理、整体，保持企业预算激励体系的可持续作用与发展。

5. 公正性与多样性相结合的原则

在预算激励措施设计和实施过程中，企业应做到客观公正，保证作为激励依据的考评程序、标准和结果客观公正，保证激励体制面前，企业所有成员、各级部门能真正平等。

预算激励的本质，在于满足不同员工、不同部门的各自需求，以提高其参与预算管理的积极性。但不同的主体有不同需求，即使同一个人在不同时间、不同环境下的需求也会有所不同。为了让激励达到最佳效果，就需要针对不同的人采取不同激励方式，并选择多种形式，根据不同情况，灵活运用多种激励方式，达到最好的激励效果。

7.4.2　激励方案的具体确定方法

预算激励机制是关系到企业战略发展路径的重要课题，但在实践过程中，企业更需要简便有效的激励方案，以便根据部门、员工对预算完成的情况，按照激励方案的规定办法，对具体部门和员工给予奖惩。

一般而言，企业对部门、员工的预算激励方案，可以设计为固定收益部分和浮动收益部分。从构成比例角度分析，固定收益部分的比例不应过高，从而避免部门、员工承担风险过低、压力过小，失去履行预算管理职责的积极性。对于浮动收益部分的比例，可采用以下方法进行设计和确定。

联合基数法

联合基数法能够更为准确、全面地指导预算激励中的奖惩措施制订。

例如，某集团下级子公司，自行编制预算考核指标为 1 000 万元，实际完成利润 1 500 万元。

为了有效进行奖惩，该集团在预算期开始前，让下级子公司确定了预算考核指标基数（1 000 万元），并提出在年终时对年初预算和年终实际完成数进行比较。

集团还提出了以下奖惩措施。

（1）在预算基数基础上，按 90% 确认为正式的预算基数（900 万元）。超过预算基数的利润（600 万元），则全部归该子公司，作为奖励。

（2）如果年初预算小于年终实际完成数，要按差距（500 万元）的 95% 对下级子公司进行罚款。

联合基数法计算范例如表 7.4-1 所示。

表 7.4-1　联合基数法计算范例

单位：万元

自报预算	实际数	预算基数	超基数奖励	少报预算罚款	实际获得奖金
第 1 项	第 2 项	第 3 项 = 第 1 项的 90%	第 4 项 = 第 2 项 - 第 3 项	第 5 项 = 第 4 项的 95%	第 6 项 = 第 4 项 - 第 5 项
1 000	1 500	900	600	475	125
1 500	1 500	1 350	135	0	135

由表 7.4-1 联合基数法计算范例可知，下级子公司实际盈利能力为 1 500 万元。如果在编制预算时，不如实上报，即使可以因为超预算而获得奖金 600 万元，但同时也会面临少报预算的罚款，实际获得的奖金为 125 万元，要少于据实上报预算的 135 万元。

利用这种奖惩方法，有助于提高预算编制的准确性和可行性，同时也能促进预算执行，将企业、预算责任主体和员工三者之间的利益更好结合。当然，该方法在企业所处行业环境发生较大变化时，难以发挥应有的作用，企业应予以规避。

第8章
预算分析与预算调整

  编制合理精准的预算、在经营中有效执行和控制预算，都不是企业的终极目标。企业应更关注如何利用预算的分析和调整，对现有的生产经营活动进行完善，实现长远的战略目标。

  预算的分析和调整，是对预算结果的具体操作运用，关系到预算的价值发挥，影响上述成果的实现。

8.1 预算分析与预算调整概述

预算执行后，需要及时对执行结果进行分析，从预算执行和目标之间的差异额、差异率着手，发现造成不利差异的原因，动态分析企业生产经营过程中存在的问题。在预算执行过程中，由于主、客观条件的变化，也可能对预算进行适当调整。

8.1.1 预算分析的必要性

预算分析是全面预算管理的重要组成部分，其在全面预算管理中的重要作用，体现出相关的必要性，重点表现为五个方面，如图 8.1-1 所示。

图 8.1-1　预算分析的必要性

1. 预防作用

通过预算编制前的事前分析，可以为预算决策提供依据，提升预算决策的准确性，预防决策失误的发生。

2. 控制作用

通过对预算的事中分析，可以及时发现和纠正预算执行中的偏差和问题，为预算控制提供资料和依据，实现对预算执行全过程的控制。

3. 评价作用

通过对预算的事后分析，总结预算执行情况和结果，评价企业及各预算执行部门的工作业绩，揭示企业运营活动中存在的问题，总结预算管理工作的经验教训。

4. 辨析作用

通过预算分析，分辨造成预算执行结果与预算标准之间差异的原因，对预算差异的责任予以落实，为预算考评和奖惩提供可信资料。

5. 促进作用

通过预算分析，可以促进各预算执行部门提高预算管理工作效率，挖掘内部潜力、严格精准执行预算，不断提高运营管理的水平。

8.1.2 预算调整的作用

预算是企业的行为依据，具有必然的严肃性。然而，预算毕竟是一种预测性的规划，是基于对环境预期确定的。在当今复杂多变的经济社会中，企业内外环境存在易变的特点，当内外环境发生较大变化时，原有预算就可能失去存在的基础。此时，如果片面强调预算刚性，预算就会变得呆板僵硬，反而失去规划、指导和约束作用。

通常情况下，预算编制的调整，具有以下作用。

1. 应对市场需求发生的变化

全面预算管理体系，通常以销售预算为起点，即各项预算是以建立在销售预测基础上的销售预算为依据编制的。在执行过程中，如果遇到市场需求变化的情况，就应当及时根据市场需求，对产品的数量、品种进行更改，调整生产经营的相关预算。

2. 应对企业内部的变化

除了市场环境会发生变化外，企业自身的经营条件也时常会发生变化。由于预算需要与企业内部资源、生产经营条件相对接，当企业内部资源、生产经营条件发生较大变化，如设备出现非人为意外故障、原料供应困难、自然环境恶化、组织架构调整等时，原来的预算内容会受到影响。因此，企业应对预算进行相应调整。

3. 增补临时预算

当事先计划不周，或情况发生临时变化时，需要进行临时预算的增补，用以调整预算。例如，为避免短缺而需要增加原料或燃料的库存，为加快生产经营进度而需要增加临时用工，为扩大销售而需要增加运输能力等情形，都需要调整预算。

4. 应对外部环境重大变化

当外部环境变化较大、影响长久，如国家法规政策发生重大变化或出现不可抗力的重大自然灾害等时，企业也需要从实际出发，对预算责任单位的预算责任予以调整，以保持预算的公平与合理。如果责任单位确实以自身力量无法对应外界不利因素时，固守原有预算不做任何调整，显然会对部门和员工的工作热情产生不利影响，也会对企业长期发展和有效管理产生负面影响。

8.2　预算分析策略

预算分析有广义和狭义之分。广义的预算分析是指对预算管理全过程的分析，包括事前分析、事中分析和事后分析。狭义的预算分析，只包括事后分析，即对预算执行结果的分析。本节主要阐述内容，为狭义预算分析的流程、方法和预算分析报告。

8.2.1　预算分析流程

企业进行预算分析时，必须具备科学的流程，以确保预算分析的规范性，如图8.2-1所示。

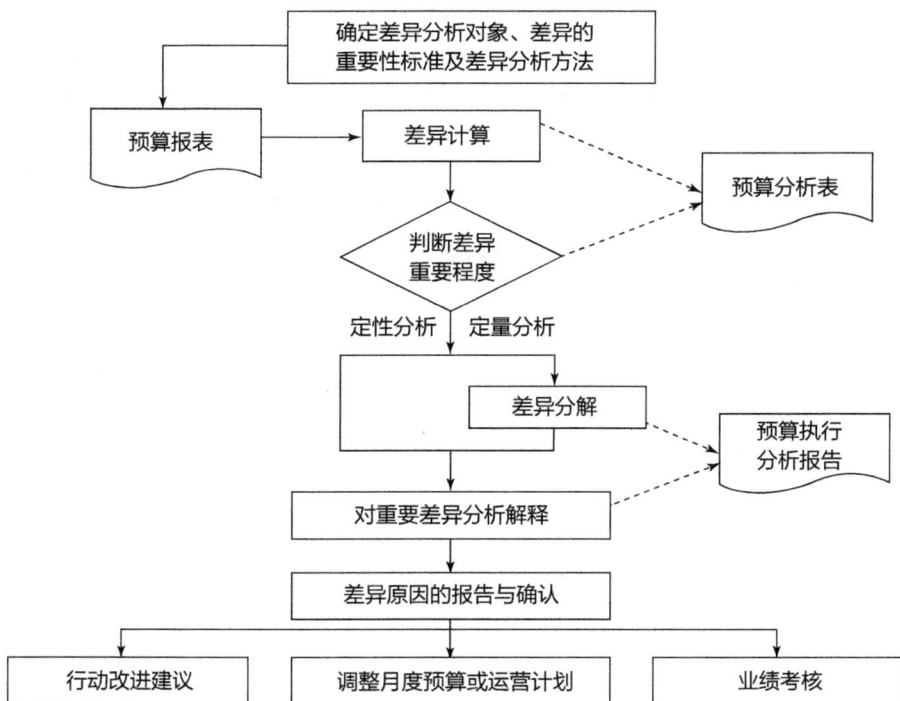

图 8.2-1 预算分析流程

预算分析流程中，企业应重点抓住以下关键步骤。

1. 确定分析对象

在进行预算分析前，应首先确定分析对象和范围，明确分析目的，熟悉预算分析的相关资料、数据，确保预算分析工作顺利开展。

2. 收集信息，掌握情况

进行预算分析时，应广泛收集真实可靠的数据资料进行参考，其中主要包括内部资料和外部资料。

（1）内部资料，是指有关预算文件中的标准、预算执行情况资料。内部资料有赖于企业内相应的信息系统支持。

（2）外部资料，包括影响预算执行结果的变动信息、相应外部市场的可比信息等。

3. 对比分析，确定差异

通过对比预算执行结果和预算标准，能得到两者差额。随后，采用比率分析法、因素分析法等定量分析法，说明预算指标完成程度，确定差异原因，为进一步定性分析指明方向。

4. 检查分析，落实责任

通过定量分析和定性分析，认真检查，确定差异原因，从原因中找到主要矛盾。根据分析结果，对影响因素进行全面系统综合分析，检查出问题所在，把责任具体落实到部门和个人。

5. 提出措施，改进工作

确定差异、分析原因、落实责任，都是为了对预算执行管理中存在的问题予以解决。因此，在找出问题之后，应根据分析结果，对全面预算编制、执行和控制的具体措施予以加强，提高企业预算的运营管理水平。

6. 归纳总结，分析提高

归纳总结，即对各项预算执行情况的分析结果进行综合概括，对全面预算管理的整体过程和结果进行正确评价。

预算分析的最后阶段，应根据归纳总结内容，编写书面预算执行分析报告。在编写预算执行分析报告时，应注意数据的真实可靠、观点的鲜明有据、语言的简单明晰。

8.2.2 预算分析方法

预算分析贯穿于全面预算执行全过程，而狭义的预算分析尤其需要针对预算执行的特点，积极寻找实际执行和预算目标之间的差异，以此评估预算执行效率和效果，并有效调整措施。

1. 预算分析方法的分类

预算分析方法，由定量分析法和定性分析法两大类组成，如图8.2-2所示。

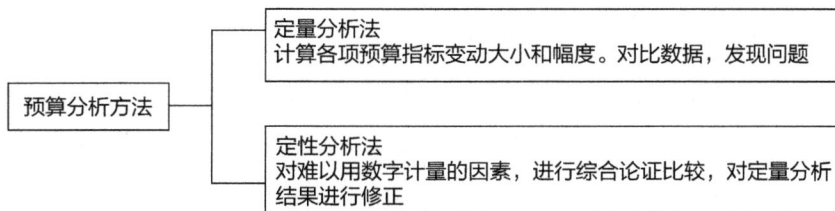

图 8.2-2　预算分析方法的分类

（1）定量分析法。该方法主要是计算各项预算指标的变动大小和幅度，通过对比数据、替换因素等方法，寻找差异、发现问题、分析原因、解决问题。没有定量分析法，企业很难明白数量界限、阶段性和特殊性，因此，定量分析法是重要的预算分析工具和手段。

（2）定性分析法。该方法主要通过实地观察、座谈调查、因素评价、经营判断等形式，对难以用数字计量的因素进行综合论证比较，以此对定量分析结果进行切合实际的修正，做出质量判断。定性分析法是差异分析的基础和前提，缺乏定性分析，就无法了解差异的本质、趋势以及与其他事物的联系。

在预算分析过程中，定量分析法是基本的分析方法，定性分析法是辅助分析方法。分析人员应该将定量分析法和定性分析法有机结合，进行综合运用。只有这样，才能构成完整的预算管理分析体系，充分发挥预算分析的作用。

2. 预算定量分析的主要方法

实际应用中，应该结合分析目的，灵活选择不同的定量分析方法。预算定量分析方法如表 8.2-1 所示。

表 8.2-1　预算定量分析方法

方法名称	方法对象
比较分析法	各个数据指标之间的对比
比率分析法	经济指标、相对数值对比
因素分析法	影响因素

预算定量分析方法的主要内容如下。

（1）比较分析法。比较分析法是最基本的预算定量分析方法，利用各个指标数据对比，确定差异，揭示客观差距。

该方法通常将实际数与预算数进行对比，以揭示两者之间的数量关系和差异，分析预算执行过程中存在的问题，为进一步分析原因提供依据。企业预算分析人员在运用此方法时，应注意比较指标的同质性，计算口径应保持一致。

（2）比率分析法。该方法通过经济指标计算，以对比相对数值，进行数量分析，确定企业经营活动的变化程度。比率分析法的经济指标的类型主要包括构成比率、效率比率和相关比率三种。

①构成比率，又称为结构比率，指某项财务指标的各组成部分数值占总体数值的百分比，体现部分和总体的关系。构成比率可以用于考查预算执行总体中某部分的进程安排是否合理，以协调各项活动。

②效率比率，即某项财务活动中所费与所得的比率，体现投入和产出的关系。利用效率比率指标，能进行得失比较，考查经营成果，评价经济效益。

③相关比率，指某个项目和与其相关但不同的项目进行对比所得出的比率，反映有关经营活动的相互关系。利用相关比率指标，能考查企业内项目指标数值之间的相关性、合理性，反映企业在某方面的能力水准。

采用比率分析法时，应注意对比项目之间的相关性、对比口径的一致性、衡量标准的科学性。

（3）因素分析法。该方法是重在分析影响因素并计算其相互影响程度的分析方法。预算执行过程中，实际业绩与预算标准之间形成差异的原因很多，其中既有主要因素，也有次要因素。为了对不同因素影响程度进行有效度量，可采用因素分析法。

根据计算方法和程序不同，因素分析法主要有以下两种。

①连环替代法，即将分析指标分解为可计量的不同因素，并根据各个因素之间的依存关系，用各因素比较值去顺序替代基准值（即使用实际值去比对标准值），据此测定不同因素对分析指标的影响。

②差额分析法。该方法是连环替代法的简化形式，即利用不同因素比较值

和基准值之间的差额，计算各因素对分析指标的影响。

因素分析法在比较分析法的基础上使用，是比较分析法的补充。采用因素分析法分析时，应注意因素分解的关联性、因素替代的顺序、顺序替代的连环性、计算结果的准确性等要点。

8.2.3　预算分析报告

预算分析报告，即预算差异分析报告，是企业依据预算差异分析表、经营活动和财务活动等提供的信息，运用科学的分析方法，对企业预算执行情况进行的客观、全面、系统的分析与评价。企业通过预算分析报告，能使预算差异的权责明晰，提出科学合理的建议，加强企业的预算控制。

1. 预算分析报告的分类

根据对象不同，预算分析报告可以分为面向高层管理人员的预算执行情况摘要、面向中层运营管理人员的预算汇总分析报告、面向普通运营管理人员和预算管理人员的预算明细差异分析报告。

预算分析报告的分类如表 8.2-2 所示。

表 8.2-2　预算分析报告的分类

分类的名称	报告对象	报告内容
预算执行情况摘要	高层管理人员	预算执行情况总览，包含企业的预算绩效考核指标、预算执行情况数据和差异分析
预算汇总分析报告	中层运营管理人员	是预算执行情况分析报告，包含企业的财务数据、主要运营数据以及差异分析
预算明细差异分析报告	普通运营管理人员、预算管理人员	企业业务、投资和财务预算的明细报告，包含所有预算科目、口径的执行情况数据

通过该分类，企业管理人员可以结合不同情形，使用正确种类的预算分析报告。

2. 预算分析报告的内容

预算分析报告，通常包括进度分析、业绩分析、分析建议等内容。其中进度分析，是指累计计算各期完成预算情况并对其进行汇总，它以销售收入预算完成进度为起点，对成本和费用进度做出分析，为调整计划和控制提供指导。业绩分析，是指根据不同部门预算完成情况，通过差异分析方法，对预算执行部门业绩进行评价，为考核提供依据。分析建议，主要是向各级领导提供预算决策的支持和建议。

在实际撰写中，预算分析报告应包含以下五个方面的内容。

（1）上期改进建议执行情况，包括对上期预算分析报告确定的差异原因、责任人、改进对策等，进行执行情况的跟踪分析，确保预算分析结果得到落实。

（2）关键指标完成情况，对预算考核关键指标体系进行分析，确定差异额、差异幅度等产生的原因。

（3）对影响指标的内外部因素进行分析，如分析预算执行结果和预算目标之间差异产生的主要原因、导致差异的内外部因素及其对差异的影响等，确定与之相关的责任部门和人员。

（4）分析改进建议及相应对策。根据差异产生的主要原因、内外部因素、责任部门和人员，提出调整、修正、改进差异的建议，制订具体的行动方案、明确责任部门和人员与完成期限等。

（5）结合变动情况，预测趋势规律。在预算差异分析基础上，对企业关键指标完成情况进行趋势分析，评价和判断其变动规律，从预算变化规律中，预测市场、行业、企业的发展前景。

8.3 预算调整的原则

允许预算调整，并不意味着无条件进行调整。预算调整必须严格限制，遵循一定原则，以维持预算应有的严肃性和科学性。

预算调整的原则如图 8.3-1 所示。

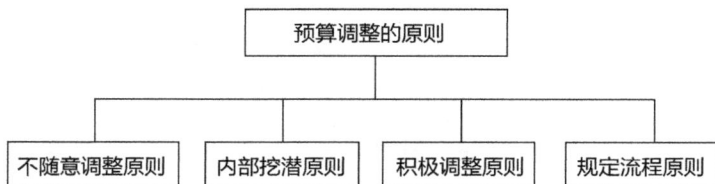

图 8.3-1　预算调整的原则

8.3.1　不随意调整原则

预算调整同预算编制、执行、分析一样，是预算管理的重要且严肃的环节，不能随意进行。

1. 严格界定范围

预算调整必须严格界定条件范围，只有出现不可控因素变化时，才能允许调整。例如，国家对行业的政策发生重大变化，市场需求或价格发生重大变化、设备维修等需求变化或其他经过预算管理委员会认定的重大变化出现时，才允许调整预算。

2. 规范权限与流程

对于确实需要调整的预算，应由具体的责任部门提出申请，依据一定程序，经相应级别的预算管理部门审批，才能进行调整。

重大调整，必须经过预算管理委员会集体讨论，予以通过后才能进行。

只有对预算的条文、权限和流程进行严格规范，才能在发生需要调整预算的情况时，保证预算调整是有序而非失控的。预算调整的严肃性获得保证，可以促使各个责任部门端正编制预算的态度，探求合理的预算定额。

8.3.2　内部挖潜原则与积极调整原则

当预算实际执行和目标出现偏差时，企业首先应在内部采取措施进行控制和修正。只有在企业确实无法修正的情况下，才能提出预算调整申请。

在预算执行和控制中，内因的重要程度高于外因的重要程度。企业应充分发掘自身潜力，去弥补可能造成预算执行偏差的各种缺陷。例如，某重要机器设备突然出现故障，需要支付超过预算的维修费用。该事件本身属于无法预估的意外情况，看似必须调整预算，但实际上，如果事先做好了有序的生产计划、保养计划和人员调配计划，定期对机器设备的状况进行检查，就有可能避免该种情况的发生。或者即使发生故障情况，企业也能因为上述措施，而减少维修费用的支出。

与内部挖潜原则相对应，积极调整原则要求企业在面对外部环境或内部条件发生重大变化时，能积极主动启动预算调整流程，保证预算方案始终符合客观实际情况。

积极调整原则的推行，主要体现在预算调整与追加的内容上。预算调整与追加的内容如图8.3-2所示。

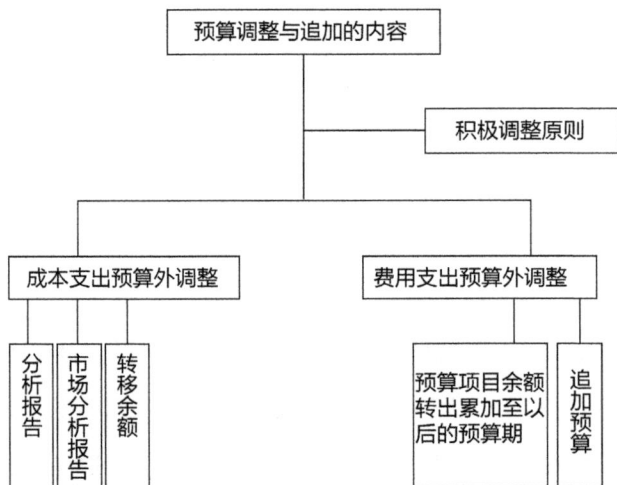

图8.3-2　预算调整与追加的内容

1. 成本支出预算外调整

企业成本支出属于一级管理内容，积极调整原则的施行，应体现在以下内容要求中。

（1）如发生重大经济环境变更，责任部门应及时提交对应的分析报告，并提出调整预算的建议和申请。

（2）如发生重要的市场因素变更，责任部门应提交市场分析报告，作为调整预算的依据。

（3）如因为某项支出推迟发生，预算项目出现较大余额，且该项目支出将在预算期之后的某期发生，部门负责人应将该项支出对应余额调整到相应月份。

2. 费用支出预算外调整

该类预算调整分为两种情形。

（1）预算项目余额转出累加至以后的预算期。例如，某项支出推迟发生，导致实际发生额与本期预算额之间产生较大差异，预算部门负责人应将之转出，累加至预计发生期。这类预算调整，应由责任部门及时准确地上报，被批准后即可进行。

（2）追加预算。无论是预算编制时的疏忽，还是管理活动的临时需要，所有有关预算总额增加的主动调整，都应及时上报企业预算管理委员会批准进行。

8.3.3　规定流程原则

企业预算调整，必须按照一定的规定流程进行，这是必须遵守的原则。一般而言，企业预算调整要经过四个主要步骤，如图8.3-3所示。

预算调整流程要点如下。

1. 分析

预算执行单位在具体执行预算时，如发现出现预算偏差，应进行具体分析，对形成预算偏差的原因逐个排查。排查重点是区分是客观环境中条件变化等原因，还是主观上无法严格执行原有预算等原因。如是后者，则由预算执行单位自行消化，不得进行预算调整；如是前者，则应向预算管理委员会申请预算调整。

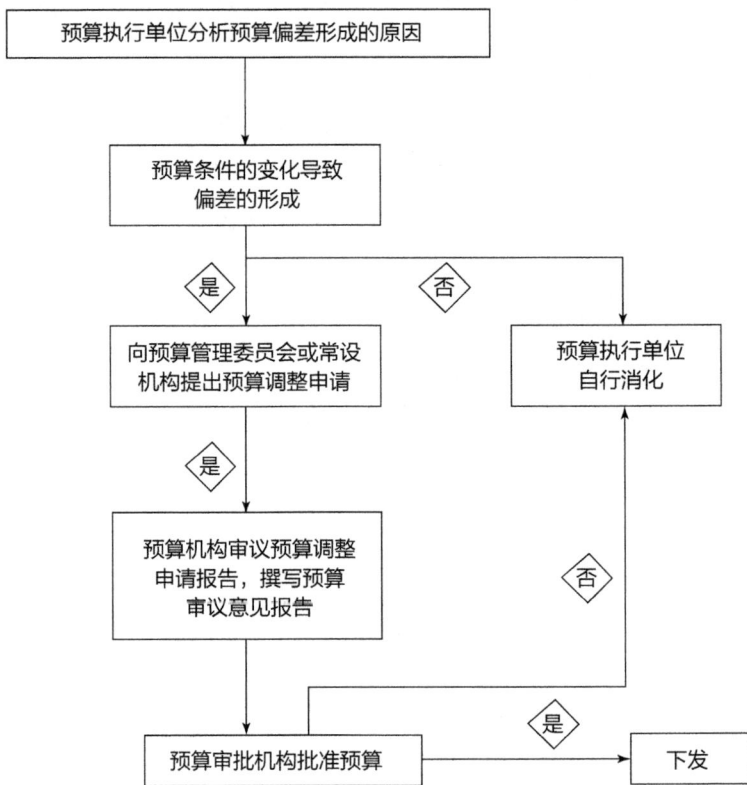

图 8.3-3　预算调整流程

2. 申请

对预算执行和控制进行分析后，如发现预算偏差形成原因在于内外环境发生变化或出现不可抗力等，应进行预算调整申请。

预算调整申请，即由预算执行单位向预算管理委员会或其常设机构提出书面申请。预算调整申请报告内容应详细说明预算调整理由、预算调整的初步建议和方案、调整前后预算指标比较、调整可能对企业预算总目标的影响、调整后预算责任人的变化等。

3. 审议

预算管理委员会在接到预算执行单位要求进行预算调整的申请后，应进入预算调整审议程序。

（1）根据要求，对预算调整的具体内容、范围、领域、组织，确定预算审议人。

（2）审议人对申请预算调整事项，做深入的调查和论证，写出预算审议意见报告。审议人对审议意见负责。

（3）预算管理委员会对预算调整审议意见与预算执行单位的预算调整申请报告进行分析对比。应注意拟调整的预算应与企业预算总目标协调，并和预算审议人、预算责任单位交换意见。

4. 批准

经过审议后的预算调整申请，应由预算管理委员会根据预算调整申请事项性质的不同，根据权限批准预算调整事项，或报请董事会批准后，下发预算责任单位执行。

8.3.4　预算调整的三大条件

对于处在动态市场内的企业而言，在一定时间、环境下进行预算调整，是必要的。一般情形下，对预算做出调整，有以下三大条件。

1. 外部环境变化

外部环境变化，通常指企业所面临的宏观经济环境变化。例如，和本企业直接或间接相关的国家政策法规、企业产品市场地位、客观不可抗力等一系列因素的变化，都可能促使预算调整的需求产生。

当然，不同企业所面临的外部环境不断变化，企业的具体构成因素也千差万别。企业预算因此成为动态系统，其改变和调整的前提也必然与外部环境有关。

2. 内部需要变化

企业管理水平是在不断发现和满足内部需要的循环中，加以探索、完善和提高的。当企业管理者在预算期间，对现有的管理体制进行实践并检查时，将能获得经验并弥补原有管理体制的缺陷。为此，管理者应以检查和分析的结果作为前提条件，对原有预算指标进行调整，从而提高预算管理水平。

例如，H 企业在编制经营成本预算时，起初运用了历史成本法、经验估计法。在管理过程中，发现使用标准定额成本管理体系更能有效控制经营成本。于是在剩余的预算期间内，推行标准定额成本管理体系，由此节约了成本额并用于其他改造项目。

因此，在预算总目标不变的基础上，企业完全可以通过重新认识内部需要，对预算进行有效调整。

3. 实际目标变化

在一般情况下，企业不应调整预算。但当企业面对的外部环境或内部需要发生变化时，为了实现企业预算总目标，必须对各类预算分目标进行调整，如生产或经营预算的调整，收入、成本费用预算的调整等。这些分目标的微调，能够改变企业预算的分配结构，对企业的经济效益产生重要影响。

8.4　预算调整的管理

在预算调整的过程中，企业应根据实际情况，对调整措施进行管理。为此，必须围绕预算调整的管理，建立合理机制，确保预算的科学性、适应性、可操作性和有效控制性。

8.4.1　预算调整控制流程

预算调整本身应具备一定流程，对调整的控制也应具有严格而科学的流程。通过流程的保障，预算调整能合理高效地实现目标。

预算调整控制流程如图 8.4-1 所示。

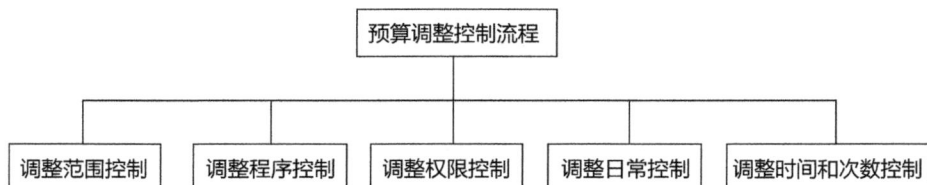

图 8.4-1　预算调整控制流程

对于图 8.4-1 所示的预算调整控制流程，企业应予以严格遵循，并确保其中的重点步骤得以发挥应有价值。

1. 调整范围控制

企业应结合自身实际情况，对预算调整范围进行严格控制。如果企业的经营环境只发生暂时性、非根本性改变，则不应轻易调整预算。而当内外环境朝向不利方向发展变化，影响预算执行时，则应首先挖掘企业内部与预算目标相关的潜力，或采取其他措施弥补。当无法弥补时，才能提出预算调整申请。

此外，当内外环境朝向有利方向变化，并具备了中长期稳定趋势时，预算责任部门可以主动提出预算调整申请。

2. 调整程序控制

预算调整必须经过规定程序，不得随意更改。由于预算的确定程序是刚性的，调整程序也是刚性的，只有这样才能保持预算控制的高度权威性。因此，预算调整的申请、上报、审批、下达等流程，应与预算编制流程相同。

在预算调整批准之前，预算责任部门应依照原预算进行工作。在调整预算时，应由预算责任部门逐级向预算管理委员会提出书面报告，对预算调整具体情况进行阐述，并提出预算的调整幅度。预算管理委员会应对经过审议后的调整报告进行审核分析，并将各个部门的调整报告集中编制为调整方案，提交企业董事会批准并下达执行。

3. 调整权限控制

企业的预算调整属于非正常事项，对相关部门会产生影响、引起变化。企业应对调整权限做出严格限制，建立适当的授权机制。在该机制中，一定层次的领导，只能有一定限度的预算调整权；凡是影响较大的预算调整，都应由决策层集体讨论、审核和确定，避免调整出现无序或多头状态。

当然，在预算管理委员会拥有预算调整权的基础上，也可以考虑将预算调整权适当下放，以保证预算调整具有适度的灵活性。例如，与利润、现金流量、费用预算等业务相关的预算调整，在保证没有打破预算期内预算的基础上，可以由各部门所属的预算责任部门审批。对于超过年度预算的利润预算、现金流量预算、费用预算调整，或有关资本性支出的预算调整，应由企业预算管理委员会和董事会审核后决定是否批准。

4. 调整日常控制

预算调整的日常控制，应由执行预算的责任部门，根据外部和内部环境重大变化的情况，积极主动提出预算调整申请，保证预算方案符合客观实际。

日常控制的重点，包括预算执行者和预算管理部门两方面。

（1）预算执行者，需密切关注影响其职能范围预算项目的内外部环境变化，负责对预算执行情况进行日常检查，定期对预算管理部门报送预算执行计划进度，便于预算管理部门及时采取措施进行调整。

（2）预算管理部门，应与生产、营销、采购、供应等环节的部门进行实时信息沟通，监控并分析这些部门完成预算的情况，不断调整偏差，确保预算目标实现。

5. 调整时间和次数控制

为确保预算调整的严肃性，预算调整次数应固化，调整频率不应太高。除企业外部环境或内部条件发生重大突然的变化，使得要随时提出预算调整申请外，企业对预算内部调整，应规定调整的时间或次数（例如确定调整频率为每季度一次）。企业可根据其生产经营周期、业务规模、发展速度等自身情况，定期由总经理组织相关职能部门召开预算分析协调会，掌握预算执行情况，讨论预算调整事项。

此外，为确保预算调整的规范性，对预算调整进行准确评价，还应对预算调整事项进行事后审核分析。审核分析包括对预算调整合规性的审核、预算调整范围是否恰当的审核、预算调整原因的有关说明等。

8.4.2 预算调整管理形式

预算调整的方法有很多，选择何种形式不应一概而论。预算调整管理形式，应结合企业制度、规模、行业特点等，进行有针对性的选择。预算调整的基本管理形式包括五种，如图8.4-2所示。

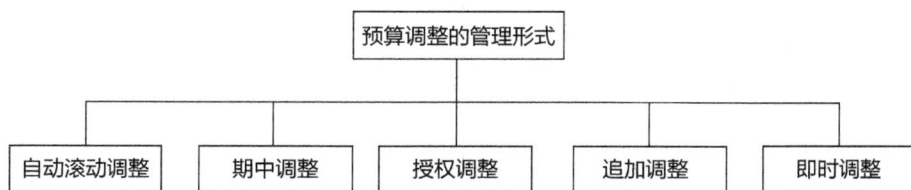

图8.4-2 预算调整的管理形式

1. 自动滚动调整

自动滚动调整，实际上是预算管理系统中的子系统进行的工作。企业可以在设置预算管理系统时，预先设置预算调整系统。当预算假设或预算条件发生变化时，该系统能自动按照最新的假设、条件，对预算指标进行调整。同时，在满足预算总目标调整条件时，再自动生成新的预算总目标。根据这样的原则，预算可以不断滚动到预算期结束为止。

采用这种形式，对企业的管理硬件要求较高。自动滚动的前提在于企业已经建成了适合企业自身实践需要的信息管理系统。因此，自动滚动调整更适合管理软、硬件自动化程度较高、能对经营环境变化及时反应的企业。

预算自动滚动调整形式也有一定缺陷，主要集中于对预算调整程度的判定上。无论是外部经济条件还是内部管理条件，大量因素是无法量化的。企业是否能对预算指标进行细分，确定自动滚动调整的参数，考验着企业的治理结构和水平。

2. 期中调整

期中调整，是指预算期执行时间过半后，将预算前提和预算指标与年中预算实际执行结果比较，然后根据比较得出的预算差异，进行年度预算调整。

在整个预算期内，期中调整只发生一次，因此是粗放式的，通常只适用于规模较小、经营环境相对稳定的企业。

3. 授权调整

授权调整，是指预算编制者在编制预算时，授权预算执行人或其他与预算有密切关系的责任人，当预算前提发生一定范围变化时，可以根据实际情况，对预算指标进行修订，确保预算总目标的实现。

4. 追加调整

追加调整，又称为期后追认调整。这一预算调整形式，借鉴了行政事业单位预算方法，即将平时实质上已调整的预算先做挂账处理，到期末决算前，一次性对原先挂账的预算调整数进行逐一审查确认。这种调整形式，仅适用于规模较小或受市场环境影响小的企业。

5. 即时调整

即时调整是指在预算执行过程中，当预算前提发生变化时，对原先编制的各项预算指标做出审核，并即时根据新的前提，进行预算指标更新的预算调整形式。即时调整与自动滚动调整在形式与程序上有一定区别，前者更强调对预算调整做及时、迅速的审核，后者则是预算程序的反映。

即时调整形式尤其适用于零售业、制造业企业。这些企业必须对市场条件的变化做出敏锐反应，否则就会难以适应环境，而使本企业的各项经济活动陷入僵化的局面。

上述不同的预算调整的管理形式，可以根据实际需要进行组合运用。例如，采用授权调整与即时调整结合的形式，能吸收预算授权调整和预算即时调整的优点，克服存在的缺点，形成新的预算调整管理形式。

8.4.3 预算调整制度

预算调整制度的设立，是为了规范预算过程、降低预算风险，进而加大预算控制整体力度。企业通过预算调整制度的运行，能有效应对预算执行过程中的风险问题，提高对预算的控制与管理效率。

预算调整制度的内容包括四个方面，如图8.4-3所示。

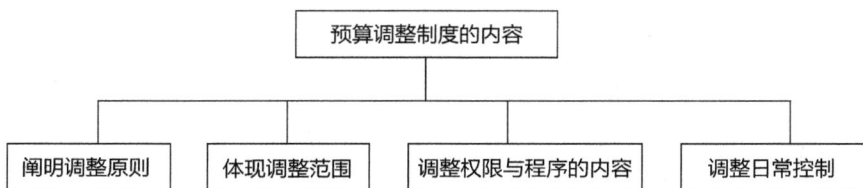

图 8.4-3 预算调整制度的内容

1. 阐明调整原则

对预算责任部门提出的预算调整事项，企业应利用预算调整制度，建立一定原则，保证调整事项能符合企业发展战略、获得最优经济效果、解决最关键的差异问题。

以制度体现的预算调整原则至少应包括以下三项。

（1）符合企业发展战略和年度生产经营目标。

（2）客观可信，在经济上能实现最优化。

（3）集中解决重要的、非正常的关键差异。

2. 体现调整范围

预算管理制度，应严格界定预算的调整范围，以此避免实际执行预算出现部门"天天打报告"的现象。

预算制度应将预算调整范围划分为以下两类。

（1）预算目标调整的范围界定。对此应规定严格的限制条件，即执行过程中外部环境的重大变化。同时，企业应结合自身行业和规模的特点，对"重大变化"进行量化界定。

（2）预算内部调整的范围界定。该项调整属于内部资源调整，不影响企业整体经营目标，责任单位只需履行规定的超预算审批程序。

3. 调整权限与程序的内容

预算调整制度应体现有关调整权限的内容。预算调整程序是刚性的，因此在预算调整制度中，应结合申请、上报、审批、下达等流程，形成刚性的权限分配与授予方式内容，保持预算调整的严肃性和权威性。

为此，预算调整制度应规定提出书面调整报告的主体、形式、阐述内容、依据事项、影响程度等流程权限，也应规定负责答复、审批、审核的责任主体与过程。

4. 调整日常控制

预算调整制度还应包括对预算调整行为的日常控制内容。预算调整制度对日常预算调整行为的控制主要应从执行者和管理部门两方面进行。

（1）规定预算执行者对调整行为的义务与责任，包括密切关注环境、日常检查、采取必要的调整措施等。

（2）规定预算管理部门对调整行为的义务与责任，包括及时沟通信息、动态跟踪预算情况、及时科学审核预算方案、不断调整偏差等。